direito empresarial

Alex Sander Hostyn Branchier
Fernando Previdi Motta

direito empresarial

EDITORA
intersaberes

EDITORA
intersaberes

Av. Vicente Machado, 317 . 14º andar
Centro . CEP 80420-010
Curitiba . PR . Brasil
Fone: (041) 2103-7306
www.editoraintersaberes.com.br
editora@editoraintersaberes.com.br

■ Conselho editorial
Dr. Ivo José Both (presidente)
Drª. Elena Godoy
Dr. Nelson Luís Dias
Dr. Ulf Gregor Baranow

■ Editor-chefe
Lindsay Azambuja

■ Editor-assistente
Ariadne Nunes Wenger

■ Editor de arte
Raphael Bernadelli

■ Preparação de originais
Tiago Krelling Marinaska

■ Capa
Denis Kaio Tanaami
Fotografia: Comstock

■ Projeto gráfico
Raphael Bernadelli

■ Iconografia
Danielle Scholtz

Dados Internacionais de Catalogação na Publicação (CIP)
(Câmara Brasileira do Livro, SP, Brasil)

Branchier, Alex Sander Hostyn
  Direito empresarial / Alex Sander Hostyn
Branchier, Fernando Previdi Motta. – Curitiba:
InterSaberes, 2012.

  Bibliografia.
  ISBN 978-85-65704-68-7

  1. Direito empresarial 2. Direito empresarial –
Brasil I. Motta, Fernando Previdi. II. Título.

12-06398   CDU-34:338.93(81)

Índices para catálogo sistemático:
1. Brasil: Direito empresarial: Direito 34:338.93(81)
2. Direito empresarial: Brasil: Direito 34:338.93(81)

EDITORA AFILIADA

1ª edição, 2012.

Foi feito o depósito legal.
Informamos que é de inteira
responsabilidade dos autores a emissão
de conceitos.

Nenhuma parte desta publicação poderá
ser reproduzida por qualquer meio
ou forma sem a prévia autorização da
Editora InterSaberes.

A violação dos direitos autorais é crime
estabelecido na Lei nº 9.610/1998 e
punido pelo art. 184 do Código Penal.

Apresentação 7

Como aproveitar ao máximo este livro 9

capítulo I teoria geral da empresa - 11
    1.1   O direito empresarial - 12
    1.2   Teoria da empresa versus teoria dos atos de comércio - 13
    1.3   A empresa - 16
    1.4   O titular da empresa - 17
    1.5   Requisitos para o exercício de atividade empresarial - 26
    1.6   Obrigações do empresário - 29

capítulo II direito societário - 39
    2.1   Sociedades - 40
    2.2   Classificação das sociedades - 43
    2.3   Desconsideração da personalidade jurídica - 48
    2.4   Das sociedades em espécie - 53

sumário

capítulo III **operações societárias** - 105
- 3.1 Função e importância da reestruturação jurídica do empresário - 106
- 3.2 Legislação aplicável - 108
- 3.3 Transformação societária - 108
- 3.4 Incorporação - 111
- 3.5 Fusão - 112
- 3.6 Cisão - 113

capítulo IV **breves notas sobre a Lei de** Recuperação Judicial e Extrajudicial e Falências - 117
- 4.1 Recuperação extrajudicial - 119
- 4.2 Recuperação judicial - 120
- 4.3 Falência - 122
- 4.4 Institutos e figuras relevantes na nova lei - 124

Considerações finais 127
Referências 129
Sobre os autores 133

O presente trabalho foi elaborado com o objetivo de servir como uma fonte de referência segura das matérias selecionadas, bem como prestar orientação objetiva sobre os temas abordados, com preocupação especialmente voltada ao profissional da contabilidade, e também àqueles que necessitam do domínio dos conceitos básicos relacionados aos principais temas contemplados no direito empresarial.

A obra foi dividida em quatro capítulos, conforme os temas abordados: teoria geral da empresa, direito societário, operações societárias e recuperação judicial e falência de empresas. O primeiro capítulo contempla o estudo da teoria geral da empresa, item imprescindível para compreendermos a importância e o alcance de um regime jurídico especial, ao qual está sujeito o empresário, bem como a correta identificação dessa disposição. No segundo capítulo, são abordados conceitos, classificações e regras jurídicas fundamentais que regem as relações daquelas pessoas que optam por desenvolver atividade econômica por meio das sociedades, com especial destaque para os dois tipos societários mais importantes no ordenamento jurídico brasileiro – as sociedades limitadas e as anônimas. No terceiro capítulo, a obra dedica-se ao estudo da transformação, incorporação, cisão e fusão de sociedades, operações de extrema relevância na organização estrutural do empresário. No quarto capítulo, são abordados

apresentação

aspectos relevantes da Lei de Recuperação Judicial e Extrajudicial e Falências (Lei nº 11.101, de 9 de fevereiro de 2005), importante estatuto que possibilita a reorganização do empresário em crise e regulamenta a execução concursal do empresário insolvente.

Este livro traz alguns recursos que visam enriquecer o seu aprendizado, facilitar a compreensão dos conteúdos e tornar a leitura mais dinâmica. São ferramentas projetadas de acordo com a natureza dos temas que vamos examinar. Veja a seguir como esses recursos se encontram distribuídos na obra.

Conteúdos do capítulo

Logo na abertura do capítulo, você fica conhecendo os conteúdos que serão nele abordados.

Após o estudo deste capítulo, você será capaz de:

Você também é informado a respeito das competências que irá desenvolver e dos conhecimentos que irá adquirir com o estudo do capítulo.

Exercícios resolvidos

A obra conta também com exercícios seguidos da resolução feita pelo próprio autor, com o objetivo de demonstrar na prática a aplicação dos conceitos examinados.

como aproveitar ao máximo este livro

Síntese

Você dispõe, ao final do capítulo, de uma síntese que traz os principais conceitos nele abordados.

Perguntas e respostas

Nessa seção, o autor responde a dúvidas frequentes relacionadas aos conteúdos do capítulo.

Questões para revisão

Com estas atividades, você tem a possibilidade de rever os principais conceitos analisados. Ao final do livro, o autor disponibiliza as respostas às questões, a fim de que você possa verificar como está sua aprendizagem.

Para saber mais

Você pode consultar as obras indicadas nessa seção para aprofundar sua aprendizagem.

I

Conteúdos do capítulo

» Definição legal do termo *empresário*
» Requisitos legais para o desenvolvimento regular de atividade empresarial
» Obrigações impostas pelo direito de empresa àqueles caracterizados como empresários

Após o estudo deste capítulo, você será capaz de:

» compreender as razões pelas quais existe um conjunto de normas reservadas àqueles considerados empresários;
» identificar em que situações uma pessoa é caracterizada como empresária;
» compreender as razões pelas quais a lei veda o exercício de empresa pelos incapazes e saber identificar outros casos de proibição ao exercício de empresa;

Teoria geral da empresa

» saber quais são as obrigações a que todo o empresário está sujeito e qual a importância de cumpri-las.

Iniciaremos nosso estudo justificando a importância e autonomia do direito empresarial, fundamentando as razões da existência de um conjunto de normas jurídicas aplicáveis a determinada categoria de pessoas.

1.1 O direito empresarial

A história do direito comercial vem reafirmando, ao longo dos anos, um fato que podemos facilmente constatar no cenário econômico: que os usos e as práticas mercantis antecedem as leis que os consagram. O direito empresarial, ciente desse contexto, busca adequar as modernas e atuais práticas constatadas no âmbito da economia ao sistema jurídico vigente.

Nesse cenário, podemos observar que a empresa assume um papel preponderante em nosso meio, especialmente na tarefa de produção e distribuição dos bens e serviços que nos são tão necessários e úteis. Podemos perfeitamente perceber nos dias atuais, época em que a produção em massa é uma realidade inegável, principalmente nos países de economia livre, como é o caso do Brasil, que o fenômeno empresarial é uma das pedras angulares do desenvolvimento econômico e do processo de otimização dos recursos produtivos, com vistas a atender o bem-estar social.

Em termos gerais, reconhecemos que o fornecimento de bens e serviços ao mercado é satisfatório, quando estes chegam ao consumidor com valor e qualidade compatíveis. E é somente com operacionalidade, organização e trabalho em série que podemos chegar a esse resultado com alcance de demanda. Dessa forma, assumem especial distinção os aspectos da atividade e a pessoa à frente desse processo e, em virtude da importância reclamada por esses centros de produção e de distribuição de bens e serviços, justifica-se uma legislação econômica apta a manter um ambiente jurídico que permita o desenvolvimento empresarial de forma eficiente, ordenada e racional.

Com efeito, nos tempos modernos, podemos afirmar que, onde há sociedade, há empresa. Como bem afirma Ascensão (1999, p. 137), "A vida econômica é cada vez mais palco reservado às empresas, às quais as pessoas vivem integradas". Parece-nos irreversível o processo por meio do qual as empresas se tornaram sujeitos da vida social e da vida política que controlam. Por tamanha relevância, essa entidade assume primeira importância também no plano legal.

Estas são algumas das razões pelas quais existe, no nosso ordenamento jurídico, um conjunto de normas diferenciadas para regulamentar a atividade empresarial, especiais em relação àquelas fixadas para regular as relações jurídicas dos demais cidadãos em geral, o que nos leva a crer que o direito empresarial vem a ser o conjunto de normas que regulamenta o exercício de empresa e, ao mesmo tempo, os direitos e as obrigações das pessoas que a exercem.

Feitas essas considerações, na seção a seguir direcionaremos o objeto do nosso estudo à análise do regime jurídico empresarial e da forma como a legislação brasileira incentiva, regulamenta e estabelece estruturas aptas ao pleno desenvolvimento econômico.

1.2 Teoria da empresa *versus* teoria dos atos de comércio

O direito brasileiro, com o advento do Código Civil de 2002 (Lei nº 10.406, de 10 de janeiro de 2002), consagrou a teoria da empresa. Até então, nossa legislação era guiada pelas luzes da teoria dos atos de comércio, salvo uma ou outra norma jurídica mais moderna, que já havia sido elaborada sob a nova ótica empresarial.

Consagrada pelo Código Comercial de 1850 (Lei nº 556, de 25 de junho de 1850*), a teoria dos atos de comércio, construção do direito francês, adotava um conceito objetivo de comerciante que levava em conta a prática de atos de comércio com habitualidade e profissionalidade. Essa visão foi substituída pela *teoria da empresa*, que atualmente vigora no direito brasileiro, por influência do sistema italiano. Essa teoria coloca no centro das atenções a atividade empresarial, aquela marcada pela organização no fornecimento de bens e serviços ao mercado. Devemos lembrar que o direito privado brasileiro, tradicionalmente, sempre foi marcado pelo convívio harmônico de dois regimes legais distintos, um deles tratando de forma particular certa categoria de profissionais econômicos em relação ao regime geral de obrigações aplicado aos demais sujeitos de direito** (Requião, 2003a, p. 18). O primeiro desses dois regimes considera as pessoas pela sua individualidade, pela condição básica de personalidade-capacidade, enquanto o segundo cuida das pessoas como sujeitos de relações econômico-produtivas. Note que o direito civil, ao contrário do direito empresarial, é de tendência individualista e, por conta disso, procura reger as relações jurídicas das pessoas como tais e não como profissionais (Martins, 2001, p. 23).

---

* A Parte Primeira dessa lei – *Do Comércio em Geral* –, na qual se contempla o conceito de comerciante, foi revogada pelo chamado *Novo Código Civil* (Lei nº 10.406/2002).

** Nossa legislação reconhece como sujeito de direito a pessoa apta a ter relações jurídicas, exercendo poderes e cumprindo deveres, conferindo tal qualidade às pessoas naturais e às pessoas jurídicas.

Perguntas e respostas

Existem diferenças de regime entre o direito aplicável aos empresários e o direito aplicável aos particulares em geral?

Sim, existem normas jurídicas, específicas do direito empresarial, que se aplicam apenas àqueles caracterizados como empresários. Por exemplo: podemos citar a Lei de Recuperação Judicial e Extrajudicial e Falências, Lei nº 11.101, de 9 de fevereiro de 2005*, aplicável apenas ao empresário e à sociedade empresária. Outra diferença diz respeito ao órgão de registro – enquanto a sociedade empresária deve registrar seus atos constitutivos na junta comercial, as sociedades simples devem registrar-se no cartório civil das pessoas jurídicas.

Atualmente, por conta dessa ainda existente dualidade de regimes, podemos destacar que se aplicam aos empresários as regras do livro próprio inserido no Código Civil, que trata especificamente do direito de empresa (do art. 966 até o art. 1.195), além de determinadas leis especiais, estritamente ligadas à atividade empresarial. Quanto ao antigo Código Comercial Brasileiro (Lei nº 556/1850), apesar de ainda continuar em vigor, é importante frisarmos que este, como afirmamos anteriormente em nota, perdeu sua importância prática no que diz respeito ao direito empresarial, por ter sido revogada parte substancial de seu texto, especialmente a que tratava das obrigações comerciais e das sociedades, vigorando apenas uma antiga parte relativa ao direito marítimo.

---

* Caso você queira ler na íntegra o texto da Lei nº 11.101/2005, acesse o seguinte *link*: <http://www.planalto.gov.br/ccivil/_ato2004-2006/2005/lei/L11101.htm>. Essa lei rege os procedimentos falimentares do empresário e da sociedade empresária.

Por conta da consagração legislativa da teoria da empresa, não é mais adequado hoje utilizarmos a classificação anterior que separava as atividades econômicas em *civis* e *comerciais*, como ocorria na teoria dos atos de comércio, passando o direito a se preocupar com aquelas atividades econômicas exercidas de uma forma específica, caracterizadas como empresa.

1.3 A empresa

A análise do conceito de empresa é de fundamental importância para uma correta interpretação das normas jurídicas que norteiam o direito empresarial e, especialmente, para a adequada identificação do sujeito das regras especiais dessa área do direito.

Muito embora a percepção exata do conceito de empresa não seja tarefa simples, mas objeto de construções doutrinárias das mais variadas, devemos analisar a extensão de seu significado com base em uma premissa pragmática, que confere destaque não a qualquer tipo de fornecimento de bens e serviços ao mercado, mas àquele decorrente de atos em série, praticados com profissionalidade, visando ao lucro e com marcante organização.

Muitos doutrinadores entendem que o conceito jurídico de empresa equivale ao seu conceito econômico*; nesse sentido, podemos perceber que a empresa é entendida como a organização que se propõe a produzir bens ou serviços, mediante a combinação dos diferentes recursos ao seu alcance, tais como matéria-prima,

---

* A doutrina conceitua empresa no sentido econômico como a organização cujo objeto é a produção ou a circulação de bens e serviços, aproximando-se de seu conceito jurídico, aproximando-se do sentido jurídico do termo, o qual se refere ao exercício profissional de atividade econômica organizada.

trabalho e capital, visando ao lucro (Vivante, 1918, p. 26). A doutrina nacional, aderindo a essa corrente, também definiu o empresário como aquele responsável por reunir, coordenar e dirigir tais elementos sob sua responsabilidade, assumindo os riscos inerentes à atividade (cf., por todos*, Carvalho de Mendonça, 1957, p. 492).

Sob esse prisma, portanto, *empresa* significa uma atividade, repetição ordenada de atos, um empreendimento que envolve fornecimento de bens ou serviços, desenvolvido com profissionalidade, fim econômico e organização dos fatores produtivos. Apenas as atividades que reúnem essas características são objeto de estudo do direito empresarial.

1.4 O titular da empresa

Antes de identificarmos o titular da empresa, devemos tecer breves comentários sobre a *p e r s o n a l i d a d e* , uma vez que esta é pressuposto da titularidade de empresa. A personalidade é um atributo jurídico que confere a um ser *status* de pessoa e, portanto, permite-lhe contrair direitos e obrigações. Logo, alcançar a condição de pessoa é o primeiro requisito para que possamos caracterizar um sujeito de direito como empresário.

Conceituamos personalidade como a aptidão genérica de um sujeito para adquirir direitos e contrair obrigações. A personalidade do ser humano tem início no nascimento com vida, sendo este o substrato, a essência que atribui a uma pessoa a faculdade de ter um nome, para ser identificada e participar da vida social. Note,

---

* A expressão *confira, por todos* remete a quem ensina de forma semelhante, além de indicar que outros doutrinadores possuem igual opinião.

no entanto, que, enquanto a personalidade concede ao indivíduo a faculdade de ser titular de relações jurídicas, é a capacidade atribuída pelo ordenamento jurídico que, uma vez atendidos requisitos previstos em lei, irá lhe permitir praticar com plenitude os atos da vida civil.

Além da pessoa natural, são dotados de personalidade grupos ou entidades de pessoas ou bens a quem a lei atribui aptidão para a titularidade de relações jurídicas. O direito permite a formação de centros unitários de direitos e deveres* que, à semelhança das pessoas naturais, também são dotados de personalidade jurídica para atender aos interesses humanos (Amaral, 2006, p. 276). De acordo com o art. 44 do Código Civil, são pessoas jurídicas de direito privado as associações, as sociedades, as fundações, as organizações religiosas e os partidos políticos. Destas, por razões finalísticas, apenas as sociedades podem exercer atividade empresarial e, em virtude disso, serão objeto do nosso estudo.

Consequências da personificação das sociedades

Uma sociedade adquire personalidade com a inscrição de seu ato constitutivo no registro competente**, tornando-se, assim, uma pessoa jurídica.

Da aquisição de personalidade por uma sociedade decorrem várias consequências relevantes no mundo jurídico (cf. Ferrer Correia, 1994, p. 239; Amaral, 2006, p. 284; Coelho, 2002, p. 113). Vamos agora analisar as mais relevantes para a compreensão do tema no âmbito do direito empresarial, quais sejam: as titularidades negocial e processual e a autonomia patrimonial.

---

* A expressão *centro unitário de interesse* se refere a situações em que há pluralidade de interessados (sociedades, associações etc.), mas que são considerados como um único ente para facilitação das relações daqueles que atuam em grupo.
** Art. 985 Código Civil.

A *titularidade negocial* possibilita à pessoa jurídica atuar no mundo dos negócios, celebrando contratos e praticando todos os atos da vida civil de seu interesse, em seu próprio nome. A *titularidade processual* permite à pessoa jurídica figurar no polo ativo ou passivo em demandas judiciais, legitimando a pessoa jurídica a ser autora ou ré num processo judicial. Enfim, é a *autonomia patrimonial* que permite à pessoa jurídica contar com patrimônio próprio, distinto do patrimônio de seus sócios.

Note que a razão que justifica o reconhecimento da pessoa jurídica pelo direito é facilitar as relações daqueles indivíduos que procuram agir em grupo, criando-se para isso uma nova entidade, que irá representar os interesses dos envolvidos nesse objetivo em comum. A personificação dessa entidade é que irá permitir à pessoa jurídica praticar, de forma autônoma, todos os atos necessários à consecução de seus negócios.

▪ As formas do titular da empresa: o empresário individual e a sociedade empresária

Já vimos que, para o exercício de atividade econômica, inclusive a atividade empresarial, é necessária a existência de uma pessoa, de um ente com personalidade, seja esse ente uma pessoa natural ou uma pessoa coletiva.

A pessoa natural, conhecida por *pessoa física*, é a pessoa capaz de direitos e obrigações na ordem civil; quando exerce a atividade empresarial, é denominada de *empresário individual*. A pessoa coletiva, chamada de *pessoa jurídica*, é uma construção do direito (cf., por todos, Amaral, 2006, p. 280), contando com capacidade a partir de seu registro no órgão competente e, quando exerce a atividade empresarial, é denominada de *sociedade empresária*.

Temos assim duas espécies de empresário: empresário individual e sociedade empresária, lembrando que o sócio não é empresário, apenas possuindo vínculos com a pessoa coletiva, titularizando em relação a esta um complexo de direitos e obrigações.

■ Definição legal de empresário

O Código Civil, ao tratar do direito de empresa, traz-nos a definição legal de empresário no art. 966 como a pessoa que "exerce profissionalmente atividade econômica organizada para a produção ou a circulação de bens ou de serviços".

Da análise da noção de empresário, concluímos que só será caracterizada como tal a pessoa que desenvolver atividade voltada à produção ou circulação de bens ou serviços, com economicidade, profissionalidade e organização. Tais elementos, conhecidos como *elementos da empresarialidade*, identificam a empresa, fazendo com que o sujeito que está à frente dessa atividade especialmente qualificada fique vinculado a um regime jurídico próprio.

Cabe-nos agora desenvolver um pouco mais cada um desses elementos nas seções a seguir.

Da economicidade

Uma atividade econômica é aquela que tem como função gerar riquezas. São atividades econômicas tanto a produção quanto o beneficiamento de um produto, como no caso do comércio, que realiza a aproximação entre produtor e o destinatário desse bem, com vistas a agregar-lhe dado valor. Devemos observar que a noção de empresa exige que essa geração de riquezas seja direcionada ao mercado e, portanto, não há empresa quando a produção é destinada unicamente a atender às necessidades do próprio agente.

Parte da doutrina, de forma mais prática e estrita, define a economicidade como sendo a busca pelo lucro e, portanto, não pode ser considerado um empresário o indivíduo que desenvolve uma atividade sem ter o lucro como objetivo, por estar ausente a economicidade (Coelho, 2002, p. 13). Note que é justamente esse requisito que irá diferenciar as sociedades das associações. Muitas vezes, a atividade desenvolvida por uma associação envolve o fornecimento profissional de bens ou serviços ao mercado consumidor. Entretanto, em virtude de o objetivo da entidade assistencial ser, por essência, filantrópico, religioso ou qualquer outro que tenha o lucro como meio e não como fim, esta não irá enquadrar-se no conceito de empresário.

Portanto, podemos dizer que mesmo que uma pessoa forneça bens ou serviços com habitualidade, inicie e desenvolva um empreendimento, por mais laborioso e difícil que seja, ainda assim não será caracterizada como empresário se no exercício da atividade não existir a finalidade de lucro.

Da profissionalidade

Uma atividade conta com o requisito da profissionalidade quando é desenvolvida com habitualidade. A habitualidade exige que o titular do empreendimento faça dele uma prática constante do seu dia a dia. Para que exista esse elemento de empresarialidade, devemos identificar uma atividade direcionada ao mercado de forma continuada, não esporádica. Não há habitualidade nas atividades exercidas de modo eventual, no entanto, percebam que não se exige que a atividade seja ininterrupta, pois atividades sazonais ou aleatórias podem perfeitamente ser desenvolvidas com profissionalidade, desde que tenham um caráter estável.

Esse requisito também exige que o titular da atividade a exerça em seu nome próprio (Coelho, 2002, p. 11). É o aspecto da pessoalidade que explica o fato de o empresário assumir os riscos do negócio, enquanto seus prepostos, mesmo atuando com habitualidade, não atuam em nome próprio, mas assumem função de recurso utilizado pelo titular da atividade.

Da organização

A doutrina considera a organização o principal e mais marcante elemento do conceito de empresário. A organização seria o elemento essencial, necessário e suficiente para a caracterização de uma empresa, por gerar o aparato produtivo estável, integrado por pessoas e recursos, e coordenar os meios necessários para atingir o fim almejado (Sztajn, 2004, p. 129).

O empresário exerce atividade organizada quando articula os fatores da produção – mão de obra, capital e matéria-prima. É a organização da atividade que irá destacá-la das demais atividades econômicas e profissionais, e que justifica um regime especial aplicável ao empresário. Ao proceder à disposição harmoniosa dos fatores da produção, o empresário cria verdadeira instituição, que acaba assumindo preponderância sobre a atividade individual das pessoas que dela participam. É por meio da organização que o empresário assume papel de relevo na comunidade na qual está inserido e, por conta disso, tal arranjo desperta atenção especial do direito, por conta das implicações sociais decorrentes.

Comumente, a organização exige operacionalidade e trabalho em série. Muitos doutrinadores identificam na organização a especulação do trabalho alheio e, nesse ponto de vista, a atividade é organizada quando desenvolvida com base no trabalho de terceiros. Empresário é aquele que recruta, coordena, fiscaliza e retribui a mão de obra para os fins de produção (Rocco, 1931 p. 191).

Note ainda que a organização indica qualidade de iniciativa, tomada de decisões, dedicação ao sucesso do negócio. Devemos deixar claro que o organizador não precisa exercer a atividade-fim da empresa; basta que este seja o responsável pela escolha de pessoas que dirijem e executam o objeto social. Isso fica bem evidenciado quando tomamos como exemplo a sociedade empresária, ente incorpóreo conduzido pelos seus sócios, com titularidade negocial, mas inapta à realização material da atividade produtiva.

Fora as exceções legais, quando uma pessoa exercer atividade de produção ou circulação de bens ou serviços, marcada pelos requisitos da profissionalidade, economicidade e organização, será reputada pela lei como empresário e constrangida ao domínio de um regime especial.

As atividades não empresariais

O exercício de certas atividades não irá caracterizar como *empresário* o responsável pelo seu desenvolvimento.

As pessoas que exercem atividade sem algum dos elementos da empresarialidade, seja a profissionalidade, seja a economicidade, seja a organização, não estão sujeitas às regras do direito de empresa.

Além dessas pessoas, existem outras que se enquadram em situações previstas em lei que, por diferentes motivos, não são entendidas como atividades empresariais, as quais passamos a estudar na seção a seguir.

Exercentes de atividade intelectual

Segundo o parágrafo único do art. 966 do Código Civil, não são consideradas empresariais as atividades intelectuais, de natureza científica, literária ou artística.

Como exemplo dessas atividades, podemos citar o caso dos profissionais liberais de uma forma geral, como médicos, contadores, músicos, escritores e quaisquer outros que fazem de sua intelectualidade o núcleo da prestação que oferecem ao mercado. De certo modo, tal regra apenas reafirma a essência do conceito de empresário insculpido no *caput* do art. 966 do Código Civil, demonstrado anteriormente, na medida em que, normalmente, no desenvolvimento de trabalhos de natureza intelectual, não encontramos conduta padronizada, mas sim preponderância da pessoalidade na prestação, de atos condicionados à individualidade do sujeito, ficando eventual organização em segundo plano. Ou seja, afastamo-nos da ideia de uma instituição produtiva estável, preservada pelo direito empresarial, por estarmos diante de uma atividade econômica personalizada, dependente e indissociável das características subjetivas dos profissionais responsáveis pelo fornecimento.

Em tais situações, encontramos valor maior nas características subjetivas do exercente da atividade econômica, na sua individualidade, do que na forma como é desenvolvida a atividade. Não vislumbramos nesses casos suficiente articulação dos fatores da produção apta a suplantar a importância da pessoalidade na prestação.

O direito empresarial não abrange, dentro de seu âmbito regulatório, atividades econômicas pautadas preponderantemente na pessoalidade do agente, em comportamentos e características individuais, mas exige um modo de atuação otimizado, organizacional, em série.

Percebemos, de forma nítida, que o exercício de uma atividade intelectual é peculiar, característico de certa pessoa, e não perde essa qualidade nem mesmo se a atividade for desenvolvida com o concurso de auxiliares ou colaboradores. Somente a partir do momento em que a prestação pessoal, a atividade intelectual produzida não mais estiver em primeiro plano, ou seja, tornar-se um elemento integrante de uma organização, e não mais a sua essência, estaremos diante de uma atividade empresarial.

Além disso, a empresa precisa permitir a continuidade além da existência de uma pessoa em específico. Cada uma das funções desempenhadas na empresa deve ser passível de substituição sem colocar em risco a organização.

Empreendedor rural

A pessoa que desenvolve atividade rural, sendo esta sua principal profissão, está sujeita a um regime jurídico facultativo ou, em outras palavras, poderá escolher se deseja sujeitar-se ou não ao regime jurídico empresarial.

De acordo com o Código Civil, o empreendedor rural não é considerado empresário, com base tão somente no exercício de sua atividade. Porém, seu *status* pode ser modificado ao seu arbítrio, caso exerça a faculdade de requerer seu registro na junta comercial de sua sede (art. 971). Depois de inscrito, terá sua condição equiparada à de um empresário para todos os efeitos legais e estará sujeito a todas as obrigações decorrentes do direito de empresa, bem como poderá contar com os benefícios desse regime.

Cooperativas

De acordo com os arts. 3º e 4º da Lei nº 5.764, de 16 dezembro de 1971*, podemos definir as cooperativas como sociedades de pessoas, com forma e natureza jurídica próprias, criadas para prestar serviços aos seus associados, através do desenvolvimento de atividade de proveito comum.

No estudo das cooperativas, notamos uma sensível peculiaridade: por força de lei, estas são sempre consideradas sociedades

---

* Caso você queira ler na íntegra o texto da Lei nº 5.764/1971, acesse o seguinte *link*: <http://www.planalto.gov.br/ccivil_03/Leis/L5764.htm>. A referida lei dispõe sobre a Política Nacional do Cooperativismo, o regime jurídico imposto às sociedades cooperativas e dá outras providências.

simples. Isso faz com que, para as cooperativas, seja irrelevante a forma por meio da qual é desenvolvido o seu objeto social, ou seja, não importa se a atividade é desenvolvida com organização ou é atividade típica do empresário sujeito a registro; ainda assim, as cooperativas serão consideradas pela lei como sociedades não empresárias. Devemos lembrar, contudo, que, por força do art. 18 da Lei nº 5.764/1971, as cooperativas devem registrar-se na junta comercial e não no cartório civil das pessoas jurídicas, como acontece normalmente com as sociedades simples. Outro ponto que devemos destacar na sua regulamentação é que se aplicam às cooperativas, de forma subsidiária, as regras previstas no Código Civil para as sociedades simples.

1.5 Requisitos para o exercício de atividade empresarial

De acordo com o art. 972 do Código Civil, podem exercer atividade empresarial aqueles que estiverem em pleno gozo da capacidade civil e que não estejam incluídos em nenhuma hipótese de impedimento legal. Vamos analisar, a seguir, cada um desses requisitos.

▪ Capacidade

Podemos afirmar que a norma reserva o exercício de atividade empresarial aos indivíduos que estejam em pleno gozo de sua capacidade civil. Perceba que o motivo é preservar aqueles que não atingiram a maturidade jurídica dos riscos inerentes à empresa. De um modo geral, são incapazes os menores de 18 anos e os não emancipados.

O Código Civil, no entanto, apresenta exceções claras à regra, nas quais se admite o exercício de empresa pelo incapaz quando houver conveniência no exercício da atividade empresarial. Existem duas situações nas quais a lei permite que o incapaz esteja à frente de uma empresa; em ambas, o objetivo da norma é possibilitar a continuidade da empresa, desde que não seja em prejuízo do interessado. Vejamos as duas hipóteses a seguir:

» *Incapacidade superveniente*: Caso observado quando uma pessoa capaz que desenvolve uma empresa regularmente, por algum motivo, vem a se tornar incapaz no decorrer de sua trajetória. Nesse caso, cuidando da preservação da empresa, a legislação permite a sua continuidade.

» *Sucessão*: Quando o incapaz herda empresa de seus pais ou por testamento. Em ambas as situações, o incapaz deverá ser assistido, se relativamente incapaz, ou representado, se totalmente incapaz, e também se faz necessário prévia autorização judicial.

Devemos notar, no entanto, que essa regra é dirigida ao empresário individual, ou seja, à pessoa natural que exerce sozinha a atividade típica do empresário. Quando estamos diante de uma sociedade empresária, que por definição é sempre personificada, o requisito da capacidade é regra, pois a sociedade adquire personalidade jurídica e concomitantemente capacidade, com o registro de seu ato constitutivo no órgão competente e, portanto, não devemos falar em incapacidade nesse caso.

Perguntas e respostas

O incapaz também está proibido de participar de sociedades, na condição de sócio?

Não, em regra, a lei não impede que o incapaz participe de sociedade, desde que não exerça cargo de gestão e que o capital já esteja integralizado.

Os atos praticados pelo incapaz, a rigor, podem ser anulados ou declarados nulos. Todavia, a interpretação deve procurar sempre voltar-se à defesa dos terceiros de boa-fé e, ao mesmo tempo, procurar aproveitar atos praticados com aparência de regulares.

▪ Ausência de proibição

Não podem exercer atividade empresarial os que forem legalmente impedidos. É a lei que estabelece quando uma pessoa está ou não proibida de exercer atividade empresarial.

As pessoas enquadradas em algum dos casos de proibição legal, portanto, não poderão exercer empresa. Mas devemos observar que os casos de proibição não se aplicam às pessoas que estejam unicamente na condição de sócios cotistas ou de acionistas. Trata-se de regras que se aplicam ao empresário e não às pessoas que integram o quadro social de sociedade empresária. Não devemos esquecer, no entanto, que essas mesmas proibições normalmente são regras que se aplicam também àqueles que exercem cargos de administração.

De um modo geral, encontramos regras proibindo o exercício de empresas direcionadas a pessoas que ocupam cargo ou função pública. Tais atividades geralmente trazem vedações em seus respectivos estatutos profissionais, como é o caso de juízes, promotores, funcionários públicos etc. Podemos citar ainda outras situações específicas, encontradas em lei especial, que vedam o exercício de empresa, como é o caso do apenado com interdição da atividade econômica por infração às regras da previdência social, por infração contra as normas de consumo, do falido, enquanto não reabilitado; do presidente ou conselheiro do Cade*, entre outros.

---

* Cade – Conselho Administrativo de Defesa Econômica, autarquia que atua na prevenção e repressão de infrações contra a ordem econômica, por determinação da Lei nº 8.884, de 11 de junho de 1994.

Devemos ressaltar, todavia, que a pessoa legalmente impedida que exercer atividade empresarial responde pelas obrigações assumidas em caso de violação dessa norma e pelos prejuízos que causar a terceiros. Não são considerados inválidos os atos por ele praticados, mas seus atos serão considerados ilícitos e passíveis de repressão na esfera administrativa e penal, se for o caso.

Verificados os requisitos para ser empresário e os impedimentos legais para o exercício de empresa, veremos a seguir as obrigações às quais este está vinculado.

1.6 Obrigações do empresário

Todo aquele caracterizado como *empresário* está vinculado ao cumprimento de condutas específicas. Note que trataremos neste tópico das obrigações que têm como fonte o ramo do direito empresarial, e não de outras obrigações previstas, por exemplo, na legislação trabalhista, tributária, ambiental ou qualquer outra de disciplina diversa.

▪ Registro

A primeira obrigação que vamos analisar, à qual todo empresário está sujeito, é a de registrar-se antes do início da sua atividade. Essa obrigação está estruturada, no plano legal, por regras previstas no Código Civil, arts. 967 a 971 e arts. 1.150 a 1.154, e ainda pelas regras da Lei nº 8.934, de 18 de novembro de 1994*, que dispõe sobre o Registro Público das Empresas Mercantis.

De acordo com a Lei de Registro de Empresas, é de competência das juntas comerciais o desempenho de atividades de execução

---

* Caso você queira ler na íntegra o texto da Lei nº 8.934/1994, acesse o seguinte *link*: <http://www.planalto.gov.br/ccivil_03/Leis/L8934.htm>.

e administração dos atos de registro. Notem, por conta disso, que o pedido de inscrição e os arquivamentos de atos ligados ao empresário ocorrem nas juntas comerciais, que são órgãos locais, ou seja, existe uma junta comercial em cada estado da federação para a execução de tais tarefas.

A mesma lei estabelece ainda que são funções do Departamento Nacional de Registro do Comércio (DNRC) a supervisão, orientação, coordenação e normatização dos serviços de registro. O DNRC tem atuação no âmbito federal. Como exemplo prático de sua função normativa, podemos citar a edição de regras de observância obrigatória em todo o território nacional, que são as chamadas *Instruções Normativas do DNRC*. Por exemplo: a Instrução Normativa DNRC nº 109, de 28 de outubro de 2008*, dispõe sobre os procedimentos de registro e arquivamento digital. Devemos lembrar que a competência do DNRC é sempre complementar à lei, não podendo contrariá-la em nenhuma hipótese, mas sim apenas detalhá-la e regulamentá-la.

Temos que o empresário individual registra-se por meio de um requerimento específico. As sociedades empresárias, por sua vez, registram-se através do arquivamento do seu ato constitutivo (que é o estatuto, no caso das sociedades por ações, ou o contrato social, no caso das demais sociedades personificadas). Por conseguinte, percebemos que para a sociedade empresária o registro tem dupla função: cumprir obrigação legal aplicável a todos aqueles caracterizados como empresários e ainda conferir personalidade jurídica à sociedade.

O empresário também deverá arquivar na junta comercial quaisquer modificações referentes ao seu registro, como as alterações do contrato social, a declaração de enquadramento como

---

* Caso você queira ler na íntegra o texto da Instrução Normativa DNRC nº 109/2008, acesse o seguinte *link*: <http://www.dnrc.gov.br/legislacao/in109_08.pdf>.

microempresário, a nomeação ou destituição do administrador quando feitas em ato separado, entre outras.

O registro de qualquer ato deverá ser realizado no prazo de 30 dias, contados da data de sua concretização. Feito nesse prazo, os efeitos do registro retroagem até a data do ato, caso contrário só surtirá efeito após sua concessão pela junta comercial. O registro, bem como qualquer alteração, deverá ser realizado pela pessoa obrigada em lei; por exemplo, no caso da sociedade empresária, pelo seu administrador, que responderá por perdas e danos no caso de omissão ou atraso no cumprimento desse seu dever.

Exercícios resolvidos

1. Caso uma pessoa desenvolva atividade econômica, organizada, com profissionalidade, voltada para a produção ou circulação de bens ou serviços, ela será caracterizada como empresária e, por conta disso, estará obrigada a registrar-se na junta comercial de sua sede antes do início de sua atividade. A que consequências essa pessoa estará sujeita se eventualmente não cumprir a obrigação de registro?

   Em primeiro lugar, precisamos deixar bem claro que a condição de empresário é uma situação de fato, ou seja, é considerado empresário quem exerce atividade típica do empresário (art. 966, Código Civil), sendo o registro meramente declaratório dessa condição. O que decorre dessa nossa conclusão é que o não cumprimento da obrigação de registro não exclui o empresário do regime jurídico comercial ao qual está sujeito, mas traz consequências bastante claras, que são as seguintes: o empresário não terá legitimidade ativa para o pedido de falência, não poderá pedir a recuperação judicial, não conseguirá autenticar seus livros obrigatórios, acarretando a ineficácia probatória de tais documentos; caso tenha sua falência decretada, responderá por crime falimentar justamente por conta da irregularidade de seus livros contábeis e, em se tratando de uma sociedade, todos os sócios responderão ilimitadamente pelas obrigações sociais, com seus patrimônios particulares. Além dessas implicações, o dirigente da empresa, de um modo geral, suportará as consequências práticas às quais está sujeito o empresário irregular, tais como: impedimento de inscrição nos demais órgãos oficiais (INSS, Receita Federal etc.), de participação de licitações e de acesso a notas ficais etc.

2. Uma pessoa que desenvolva atividade de natureza econômica intelectual, como o contador, o médico, o músico, pode desenvolver atividade empresarial?

Em primeiro lugar, precisamos deixar bem claro que o exercente de atividade intelectual, devido às peculiaridades da profissão, não é considerado empresário, uma vez que a organização necessária para o exercício de empresa é incompatível com a pessoalidade inerente à atividade exercida pelo profissional liberal. O direito empresarial não abrange, dentro de seu âmbito regulatório, atividades econômicas pautadas preponderantemente na pessoalidade do agente, em comportamentos e características individuais, ainda que conte com o concurso de auxiliares ou colaboradores, mas exige um modo de atuação otimizado, organizacional, em série. Contudo, a partir do momento

> *em que isso seja verificado, ou seja, quando a prestação pessoal do profissional que exerce a atividade intelectual produzida não mais estiver em primeiro plano, ou seja, quando tornar-se um elemento integrante de uma organização, e não mais a sua essência, estaremos diante de uma atividade empresarial.*

Escrituração

Além de registrar-se antes do início de sua atividade, o exercente de atividade econômica que for caracterizado como empresário deverá, obrigatoriamente, escriturar suas contas empresariais. Vejamos mais detalhes a respeito a seguir.

Encontramos as regras legais que regulamentam a escrituração do empresário no Código Civil e na Lei das Sociedades Anônimas (Lei nº 6.404, de 15 de dezembro de 1976*). Esse último diploma prescreve normas mais específicas e com alto grau de detalhamento e, por conta disso, será desenvolvido em tópico próprio. Toda pessoa que desenvolver atividade caracterizada como atividade empresária, de acordo com o art. 1.179 do Código Civil, estará obrigada a seguir um sistema de contabilidade com base na escrituração uniforme de seus livros, em correspondência com a documentação respectiva. Refere a norma que a escrituração poderá ser mecanizada. Quanto ao suporte em livros e fichas, tal indicação demonstra ser já ultrapassada, que apenas se justifica por conta da tradição e em sentido figurado, pois sabemos que nos dias de hoje a escrituração é informatizada, feita por meios eletrônicos.

---

* Caso você queira ler na íntegra o texto da Lei nº 6.404/1976 e as suas disposições sobre as sociedades por ações, acesse o seguinte *link*: <http://www.planalto.gov.br/ccivil_03/Leis/L6404consol.htm>.

Por *escrituração* devemos entender o registro sistemático das contas e dos negócios do empresário de acordo com as técnicas próprias das ciências contábeis. Além dessa função de registro, ou seja, de memória dos fatos econômicos realizados, a escrituração tem como finalidade possibilitar uma melhor organização dos negócios do empresário, servir de prova perante terceiros e atender às exigências do fisco.

Cada vez mais percebemos a importância de segregar contabilidade para fins de informação aos usuários externos, principalmente credores e investidores, sem esquecermos que a contabilidade para fins de tributação é cada vez mais relevante. A escrituração é o principal instrumento de orientação dos sócios e de terceiros quanto aos negócios da sociedade. Devido à sua importância, existem regras fixadas em lei que impõem ao empresário o registro de certas operações que normalmente são realizadas em arquivos de informática e depois impressas para encadernação de livros específicos, sempre tendo em vista assegurar confiabilidade e transparência às contas e aos negócios ordinários do empresário.

Como já observamos, quando nos referimos à contabilidade, não obstante as modernas técnicas digitais, costumamos fazer referência aos livros contábeis, que classificamos em dois grupos distintos, os *facultativos* e os *obrigatórios*.

Os livros facultativos são aqueles cuja escrituração decorre do interesse particular do empresário, quando do trato de seus negócios. São elaborados de acordo com seu modo próprio de organização e não estão vinculados a formalidades legais; a existência desse grupo de livros, bem como a forma de registro das informações, é livre.

Por outro lado, temos os livros contábeis obrigatórios, cuja escrituração é imposta pela lei a todos aqueles que exercem atividade empresarial, devendo necessariamente atender aos requisitos fixados na norma que os regulamenta. Dizemos que os livros obrigatórios devem ser escriturados com observância dos requisitos legais de escrituração, que se dividem em *intrínsecos* e *extrínsecos* (cf., por todos, Negrão, 2008, p. 135).

Os requisitos intrínsecos são aqueles ligados às técnicas de contabilidade, exigindo que a escrituração seja feita em idioma e moeda corrente do país, por ordem cronológica de data, não podendo conter intervalos em branco nem entrelinhas, borrões, rasuras ou emendas ou transportes para as margens (art. 1.183, Código Civil). Já os requisitos extrínsecos dizem respeito à segurança e eficácia da escrituração contábil, exigindo que os livros possuam termo de abertura e de encerramento, bem como sejam levados ao órgão de registro, para autenticação, periodicamente. Note que a escrituração contábil do empresário não fica arquivada na junta comercial, sendo devolvida ao empresário logo após sua autenticação. Em regra, além dos demais livros exigidos em lei, é indispensável o *livro-diário*, no qual, conforme a disposição do art. 1.184 do Código Civil, todas as operações relativas ao exercício da empresa serão registradas dia a dia, de forma individuada, com clareza e referência ao documento respectivo. Com efeito, note existir regra no art. 1.179, parágrafo 2º, do Código Civil, que dispensa dessa exigência o pequeno empresário, caracterizado na forma do art. 68 da Lei Complementar nº 123, de 14 de dezembro de 2006*.

A escrituração do empresário ficará necessariamente sob a responsabilidade de um contabilista legalmente habilitado, salvo inexistir um no município em que se encontrar a sua sede. Importante frisarmos que, em relação ao dever de guarda e conservação dos livros e documentos contábeis do empresário, estes deverão ser preservados

---

* "Art. 68. Considera-se pequeno empresário, para efeito de aplicação do disposto nos arts. 970 e 1.179 da Lei nº 10.406, de 10 de janeiro de 2002, o empresário individual caracterizado como microempresa na forma dessa Lei Complementar que aufira receita bruta anual de até R$ 36.000,00 (trinta e seis mil reais)". Caso você queira mais informações sobre o texto dessa lei complementar, acesse o *link*: <http://www.receita.fazenda.gov.br/legislacao/leiscomplementares/2006/leicp123.htm>.

até que ocorra a prescrição das obrigações que registram. Os prazos prescricionais são, em regra, encontrados no Código Civil.

A terceira obrigação que o empresário está obrigado a cumprir, própria do direito empresarial, é o levantamento periódico de balanços.

Levantamento de balanço

O empresário deve levantar, de tempos em tempos, o balanço patrimonial e o de resultado econômico. Normalmente, esses registros devem ser apurados uma vez por ano, porém, para alguns empresários, esse prazo é menor.

Encontramos no art. 1.188 do Código Civil regras referentes ao balanço patrimonial, que deve demonstrar a situação real da empresa e indicar distintamente o ativo e o passivo, definindo ao final o patrimônio líquido. Note que esse balanço, por demonstrar a efetiva situação patrimonial do empresário, é muito utilizado para análise das garantias que o empresário poderá dar a terceiros, especialmente quando recorre a linhas de crédito.

O balanço de resultado econômico, previsto no art. 1.189 do Código Civil, é aquele que conhecemos como **demonstração de resultados**, na qual é consignada a conta dos lucros e das perdas, tendo por objetivo a apresentação de desempenho do empresário.

As obrigações mencionadas nesta seção deverão ser observadas pelo empresário, não importa a sua estrutura jurídica. Tanto o empresário individual deverá cumprir tais obrigações como também a sociedade empresária, que será objeto de estudo do capítulo a seguir.

Síntese

Definição legal de empresa: Atividade econômica, exercida com profissionalidade e organização, voltada ao fornecimento de bens ou serviços ao mercado.

Titulares da empresa (duas espécies):

» Empresário individual: Pessoa natural, física, que desenvolve atividade empresarial.

» Sociedade empresária: Pessoa coletiva, jurídica, que desenvolve atividade típica do empresário sujeito a registro.

Atividades não empresariais:

» Aquelas que não são caracterizadas por algum dos elementos da empresarialidade (economicidade, profissionalidade, organização, fornecimento de bens ou serviços ao mercado).

» Exercentes de atividade intelectual (ex.: médicos, contadores, músicos etc.).

» Sociedades cooperativas: Sempre consideradas sociedades simples, por força de lei.

» Empreendedor rural: Sujeito a um regime jurídico facultativo, adquire a condição de empresário após registro na junta comercial.

Requisitos para o exercício de empresa:

» Capacidade.
» Ausência de proibição legal.
» Obrigações do empresário: Todo aquele que desenvolver atividade caracterizada como empresa deverá cumprir as seguintes obrigações:
  » registrar-se antes do início de sua atividade;
  » escriturar os livros contábeis obrigatórios;
  » levantar balanços.

Questões para revisão

1) O empresário individual é considerado pela lei uma pessoa jurídica?
2) Qual é o órgão de registro das sociedades cooperativas?
3) A que obrigações, decorrentes do regime jurídico empresarial, o empresário está condicionado?

Para saber mais

Profissionais, pesquisadores e estudantes interessados em saber mais sobre teoria da empresa, caracterização do empresário, obrigações e condições para o exercício de empresa podem consultar as seguintes obras:

BULGARELI, W. *Direito comercial*. São Paulo: Atlas, 1993.

GOMES, F. B. *Manual de direito comercial*. Barueri: Manole, 2003.

MAMEDE, G. *Manual de direito empresarial*. São Paulo Atlas, 2005.

II

Direito societário

Conteúdos do capítulo

» Conceito de sociedade
» Diferentes espécies de sociedades previstas no direito brasileiro
» Regras da sociedades simples
» Constituição, funcionamento e modo de extinção das sociedades limitadas e das sociedades anônimas, que são os dois tipos societários mais importantes na nossa economia

Após o estudo deste capítulo, você será capaz de:

» compreender a importância das sociedades personificadas para o desenvolvimento empresarial no país;
» identificar os principais tipos societários previstos no ordenamento jurídico, suas características, vantagens e desvantagens;

» identificar as cláusulas obrigatórias e facultativas num contrato social, percebendo a importância e o alcance de cada uma delas;
» compreender a estrutura jurídica das sociedades limitadas e das sociedades anônimas.

Agora trataremos das sociedades. Sua importância é ligada ao fato de que, uma vez personificadas, podem vir a ser titulares de empresa. Além disso, o exercício de atividades econômicas de maior envergadura e complexidade, nas quais se exige maior aporte de recursos e integração de diferentes capacitações, não pode ser realizado de forma eficiente por um empresário individual, revelando serem as sociedades verdadeiras protagonistas no mundo empresarial.

2.1 Sociedades

No estudo das sociedades, facilmente notamos que existem inúmeras explicações pelas quais duas ou mais pessoas se associam para alcançar um objetivo predefinido, como distribuição de tarefas, somatório de esforços, reunião de maior capital. Existem ainda outras razões de maior relevo que impõem ao empresário estruturar-se sob a forma societária, quais sejam: a intenção de criar um novo ente, distinto da figura dos que se associam, e a possibilidade de limitação de responsabilidade dos sócios pelas obrigações sociais, que não existe para o empresário individual.

Mas como iremos saber quando o ordenamento jurídico* enquadrará uma determinada relação jurídica, entre diferentes sujeitos, como uma *relação societária*? Para respondermos

---

* Visto aqui como um sistema normativo, um conjunto hierarquizado de normas jurídicas que regulamentam coercitivamente as ações humanas.

a esse questionamento, precisamos inicialmente compreender o conceito de sociedade, previsto no art. 981 do Código Civil (Lei nº 10.406/2002), segundo o qual "celebram contrato de sociedade as pessoas que reciprocamente se obrigam a contribuir, com bens ou serviços, para o exercício de atividade econômica e a partilha, entre si, dos resultados".

Ao analisarmos a definição legal de sociedade, constatamos que ela tem origem num acordo de vontades, qualificado por elementos muito bem definidos.

Temos então que, para que exista sociedade, é necessário que seja celebrado um contrato. Mas note que não se exige existência de contrato escrito, expresso, nem observação de forma, desde que exista efetivamente um acordo de vontades no qual estejam presentes seus elementos qualificadores, sem os quais não estaremos diante de uma sociedade, mas de outra figura jurídica.

Além de um acordo de vontades, uma sociedade exige pluralidade de sócios, ou seja, não existe sociedade sem que dela participem duas ou mais pessoas. Essa regra comporta exceções, pois o ordenamento jurídico permite que a sociedade continue existindo, durante um determinado prazo, se por alguma razão o número de sócios for reduzido a apenas um – é o caso da chamada *unipessoalidade temporária*. Também existe previsão na Lei nº 6.404/1976, também conhecida como *Lei das Sociedades Anônimas* (LSA), de um tipo de sociedade com apenas um sócio, chamada de *sociedade subsidiária integral*, que é uma companhia que tem como único acionista uma sociedade brasileira.

Uma vez ligados pelo acordo de vontades ao qual nos referimos, os sócios irão assumir direitos e deveres recíprocos. Note que, já na constituição de uma sociedade, irá surgir uma obrigação, colocada a cargo de todos os sócios, de contribuir com bens ou serviços para que seja atingido o fim comum. Podemos perceber aqui que a lei, a rigor, não exige uma efetiva contribuição à sociedade para o atendimento desse requisito, bastando essa vinculação jurídica entre duas ou mais pessoas para cumprir com suas obrigações sociais.

Outro elemento característico das sociedades é a economicidade, fim social de geração de riquezas e busca do lucro. Percebam que é a natureza econômica da atividade que irá diferenciar as sociedades das associações. Enquanto as sociedades sempre visam ao lucro, este é, nas associações, apenas um meio para que sejam atingidos seus fins, sejam eles beneficentes, religiosos, filantrópicos ou outros que não busquem o lucro.

Ainda, para que exista sociedade, devem os envolvidos estabelecer já na sua constituição a forma de distribuição dos lucros e das perdas. Estamos falando aqui da partilha de resultados entre todos os sócios, elemento essencial para que exista sociedade. Vejam que a lei não exige uma distribuição igualitária, proporcional nos resultados, mas todos devem guardar sua parcela de responsabilidade ou mérito em relação ao sucesso da atividade. Notamos que, justamente por tal elemento, a sociedade não comporta o pacto de cláusula que exclua algum sócio da participação nos lucros ou de concorrer com as perdas sociais.

Exercícios resolvidos

Em determinada sociedade, um sócio apenas, que titulariza 10% das cotas sociais, num primeiro momento realiza sua contribuição para o capital social e todos os demais apenas se comprometem a dar sua contribuição posteriormente, no momento adequado ao desenvolvimento do objeto social. Nesse período, existe um conflito de interesses entre os sócios e é marcada uma assembleia para decidir sobre o tema. O sócio que já integralizou sua parte no capital social alega que os demais não teriam direito de votar, justamente pelo fato de não terem integralizado suas cotas. A afirmação procede?

A sociedade nasce desde o comprometimento inicial dos sócios em contribuir para o fim comum. No entanto, o eventual não cumprimento por parte de algum sócio da prestação à qual está obrigado não faz com que a sociedade não tenha se formado e deixe de ser regida pelas regras do direito societário. Eventual não cumprimento do dever de integralização do capital social acarreta apenas a responsabilização do remisso pelo não cumprimento desse seu dever, possibilitando até mesmo sua exclusão da sociedade, nos termos do art. 1.004 do Código Civil.

2.2 Classificação das sociedades

Vamos agora discorrer sobre a classificação das sociedades, dividindo-as em grupos que reúnem aquelas sociedades que apresentam características semelhantes, nos quais qualquer tipo societário poderá enquadrar-se. Tratam-se de regras gerais, com fundamento na evolução doutrinária do tema, sendo que tais preceitos foram incorporados à legislação pátria, em especial entre os arts. 981 a 1.141 do Código Civil Brasileiro.

■ Sociedades não personificadas e sociedades personificadas

Chamamos de *sociedades não personificadas* aquelas que preenchem os requisitos legais caracterizadores do conceito de sociedade, mas que não cumprem requisito objetivo previsto em lei para aquisição da personalidade jurídica. Note que a existência da sociedade antecede a criação da pessoa jurídica, ou seja, podemos ter sociedade sem que exista pessoa jurídica, que só passa a existir após o arquivamento de seu respectivo ato constitutivo (estatuto ou contrato social).

Quando a sociedade não procede ao registro do seu ato de criação, o ordenamento jurídico reconhece sua natureza de sociedade, mas não a de pessoa jurídica e, assim, a legislação denomina essa entidade de *sociedade em comum*, regulando seu funcionamento de uma forma particular e, podemos também dizer, de forma mais rígida. Além das sociedades em comum, a legislação admite a existência de outro tipo de sociedade não personificada, que é a chamada *sociedade em conta de participação*, um tipo societário bastante peculiar que iremos estudar quando abordarmos as espécies de sociedades.

Já as sociedades personificadas são aquelas dotadas de personalidade jurídica, adquirida por meio do registro de seu ato de criação no órgão competente. É a personificação da sociedade que nos permite equipará-la a uma pessoa, apta à aquisição de direitos e obrigações e com capacidade para a prática de negócios jurídicos. Uma vez personificada a sociedade, devemos considerá-la uma entidade distinta da figura dos sócios, com existência autônoma e patrimônio e vontade próprios.

■ Sociedades de capital e sociedades de pessoas

Consideramos como *sociedades de pessoas* aquelas nas quais as características individuais dos sócios são preponderantes para a constituição e para a continuidade dos negócios sociais. Nestas prevalecem o relacionamento pessoal dos sócios e a mútua confiança que existe entre eles.

A doutrina costuma afirmar que uma característica marcante nas sociedades de pessoas é o poder que os sócios têm de vetar o ingresso de estranhos no quadro societário, ou seja, depende da anuência dos sócios a substituição de algum deles por outro ou o ingresso de novo sócio (Coelho, 2002, p. 121).

Já as sociedades de capital são aquelas nas quais se leva em consideração primordialmente o investimento na sociedade, a contribuição dos sócios para a formação do capital social. A natureza dessas sociedades permite que o sócio participe na qualidade de mero investidor, que aplica seu dinheiro apostando que ela terá bons resultados, sem a preocupação de participar da gestão dos negócios e, justamente por isso, os sócios não são considerados segundo suas qualidades individuais. Notem que isso não significa que nas sociedades de capitais ocorra um descuido em relação às competências e habilidades das pessoas responsáveis pela execução do objeto social, mas sim que há uma separação de funções bem definida, sendo que tais atributos geralmente são observados quando da escolha dos administradores.

O que caracteriza a sociedade como *de capitais*, portanto, é a liberdade maior de circulação da participação societária, na qual cotas sociais/ações são livremente negociadas, sem vinculação direta com a vontade dos demais sócios.

■ Sociedades contratuais e sociedades institucionais

Esta classificação leva em conta o regime de constituição e dissolução da sociedade (Coelho, 2002, p. 120). As sociedades contratuais, como o próprio nome nos indica, são aquelas constituídas e regulamentadas segundo a lógica do contrato, com espaço maior para a autonomia da vontade das pessoas que a compõem. As sociedades contratuais estão previstas no Código Civil, que nos traz considerável número de normas dispositivas, que podem ser afastadas pela vontade das partes. Nelas, notamos que os sócios têm maior liberdade para regular seus interesses por meio da celebração de ajustes particulares. O capital social das sociedades contratuais é dividido em cotas sociais.

Já as sociedades institucionais são aquelas cujo ato regulamentar é o estatuto social. São constituídas sob a ótica de um conjunto de normas predefinidas às quais os sócios aderem, não se aplicando às relações societárias as regras próprias do direito contratual. O diploma legal de orientação dessas sociedades é a LSA, rica em normas de ordem pública, que não podem ser afastadas pela vontade das partes, justamente com o objetivo de garantir os direitos daqueles acionistas que não detêm o controle da sociedade. O capital social das sociedades institucionais é dividido em ações.

■ Sociedades empresárias e sociedades simples

Devemos notar que essa classificação separa as sociedades personificadas em dois grandes grupos, conforme o modo de exploração do objeto social. A sociedade empresária é aquela que tem por objeto o exercício de atividades típicas do empresário sujeito a registro (art. 982, Código Civil).

Já quando falamos das sociedades simples*, estamos nos referindo às sociedades personificadas não empresárias, aquelas que desenvolvem atividades em que não identificamos a organização dos fatores da produção. Por exclusão, sempre que uma sociedade desenvolver atividade não caracterizada como empresa, será considerada sociedade simples. Também se enquadram nessa classificação aquelas sociedades nas quais verificamos preponderância

---

* Não confundir esse tipo de sociedade com o *Simples Nacional*, que é um regime especial unificado de arrecadação de tributos e contribuições devidos pelas micro e pequenas empresas, instituído pela Lei Complementar nº 123/2006.

de trabalho autônomo por parte dos sócios, caso das sociedades de contadores, médicos, músicos e de profissionais liberais em geral.

As sociedades estruturadas sob a forma de sociedades por ações, independentemente do tipo e do modo de desenvolvimento da atividade desenvolvida, também são consideradas sociedades empresárias, por força de lei. E, também por esse motivo, as cooperativas integram o quadro das sociedades simples (art. 982, parágrafo único, Código Civil).

Sociedades limitadas, ilimitadas e mistas

Classificamos as sociedades em *limitadas, ilimitadas ou mistas* de acordo com a previsão legal que impõe, ou não, aos sócios responsabilidade pelas obrigações contraídas pela sociedade da qual participam. Como já estudamos, a sociedade personificada não se confunde com a figura de seus sócios, sendo cada um dotado de seu próprio patrimônio. Portanto, esse critério leva em conta o fato de os sócios responderem ou não por obrigações que deveriam, a princípio, ser cumpridas pela sociedade.

De acordo com o art. 1.024 do Código Civil, as sociedades ilimitadas são aquelas nas quais os sócios respondem pelas obrigações contraídas pela sociedade, ou seja, o patrimônio particular de cada um dos sócios poderá ser atingido para fazer frente às dívidas sociais. Devemos lembrar, no entanto, que, conforme a regra geral da autonomia patrimonial das sociedades, mesmo no caso das sociedades ilimitadas, os bens particulares dos sócios só poderão ser executados por dívidas da sociedade, uma vez esgotados os bens sociais.

Nas sociedades ilimitadas, caso sejam contraídas dívidas com valor superior ao valor do patrimônio social, a responsabilidade sobre o saldo recairá sobre o patrimônio individual dos sócios, que possuem responsabilidade ilimitada pelas obrigações da sociedade. Em algumas sociedades dessa espécie, os sócios possuem responsabilidade ilimitada e também solidária pelas obrigações sociais, fazendo com que, perante os credores, todo e qualquer sócio responda como se fosse o único devedor da totalidade da dívida, o que aumenta a garantia daqueles que lavram contratos com a sociedade. Podemos citar como exemplo dessa espécie a sociedade em nome coletivo.

Já no caso das sociedades limitadas, as perdas dos sócios, na hipótese de insucesso do empreendimento, são restritas aos valores com que estes se comprometeram a contribuir para a formação do patrimônio da sociedade. Note que, se tais valores prometidos pelos sócios já foram transferidos para o patrimônio da sociedade, estes serão as cifras máximas que os sócios deverão suportar. É o caso das sociedades limitadas e das sociedades anônimas, que, justamente por tais razões, são os tipos societários mais utilizados na prática.

As sociedades mistas são aquelas nas quais uma parte dos sócios responde de forma limitada pelas obrigações sociais e a outra parte responde de forma solidária e ilimitada pelas dívidas contraídas pela sociedade. Temos como exemplo dessa espécie de sociedade a chamada *sociedade em comandita simples*.

2.3 Desconsideração da personalidade jurídica

Até aqui, estudamos as sociedades, seu conceito, sua classificação e os principais efeitos decorrentes da aquisição da personalidade jurídica. A personificação das sociedades, em termos práticos, deve-se à simplificação do modo de realização de negócios por um grupo de pessoas e à separação do patrimônio particular dos sócios em relação ao patrimônio da sociedade. Ou seja, podemos dizer que a pessoa jurídica foi criada pelo direito para, em primeiro lugar, facilitar as relações jurídicas daquelas pessoas que atuam em grupo, criando-se uma entidade que irá representar os interesses de uma pluralidade de pessoas. Em segundo lugar, temos que a pessoa jurídica também se presta a possibilitar que pessoas naturais separem parte do seu patrimônio para investir no desenvolvimento de empresas.

O reconhecimento da autonomia patrimonial da pessoa jurídica permite a constituição de um patrimônio próprio desta, formado com base em contribuições dos sócios, que transferem para a sociedade parcelas de seu patrimônio particular, tentando, ao menos contabilmente, tratar com independência seus negócios particulares de seus negócios sociais. Dessa forma, as pessoas que participam de uma sociedade deixam de ser titulares dos bens transferidos para a formação do capital social e, em contrapartida, recebem títulos de participação societária que lhes conferem o direito de participação nos lucros sociais e, também, o direito de participação do acervo social em caso de dissolução da sociedade. Devemos notar, portanto, que os sócios não são proprietários dos bens sociais, que por direito pertencem à sociedade, à entidade que foi constituída. A consequência disso é que as obrigações, ou seja, as dívidas assumidas pela sociedade devem ser honradas pela própria sociedade e não pelos sócios. Nas sociedades personificadas, sociedade e sócios são pessoas distintas e independentes.

O instituto da pessoa jurídica decorre de evolução doutrinária, legal e jurisprudencial e foi construído ao longo de anos, por diversos fundamentos, inclusive para incentivar o desenvolvimento de empresas e o investimento de capital em atividades produtivas, geradoras de riquezas. Por meio da pessoa jurídica, o ordenamento jurídico permite que um particular separe parte de seu patrimônio e submeta aos riscos da empresa apenas determinada parcela de seus bens. Busca-se, assim, de forma legítima, motivar, incentivar e racionalizar o investimento, por parte da iniciativa privada, em atividades que tragam benefícios à comunidade na qual estamos inseridos, seja com o aumento do fornecimento de bens e serviços ao mercado, seja com o incremento dos postos de trabalho, da arrecadação fiscal e da otimização dos recursos naturais.

Entendido isso, por outro lado, não podemos negar que ocorrem pontuais desvirtuamentos do instituto, muitas vezes praticados por pessoas que abusam da pessoa jurídica ou que a utilizam para a prática de atos ilícitos e fraudes. A teoria da desconsideração da personalidade jurídica tem por objetivo justamente coibir a utilização abusiva das sociedades por parte dos sócios, visando a fins dissociados daqueles para o qual foi criada.

Com efeito, se a regra geral é a da separação de patrimônios entre os sócios e a sociedade, entendemos o instituto da desconsideração da personalidade jurídica como exceção aplicável naqueles casos em que se verifica mau uso ou uma utilização fraudulenta da personalidade jurídica, praticada por indivíduos que procuram utilizar-se da separação patrimonial com o fim de se esquivar da reparação de danos causados a terceiros ou enriquecer ilicitamente.

Devemos ressaltar que a aplicação desse instituto não dissolve a sociedade, não anula sua personificação e tampouco faz desaparecer a pessoa jurídica; apenas suspende a sua existência em situações de comprovada utilização em desacordo com o ordenamento jurídico, permitindo que os credores alcancem o patrimônio particular do verdadeiro responsável pelos prejuízos causados a terceiros.

Originalmente, a teoria da desconsideração buscava responsabilizar indivíduos que se utilizavam da pessoa jurídica para enriquecer seu patrimônio pessoal em detrimento de terceiros, que eram prejudicados por conta de fraudes e desvios de finalidade. Posteriormente, com a evolução do instituto, a desconsideração da personalidade jurídica passou a ser aplicada também com o objetivo de coibir a utilização temerária e inconsequente das sociedades, principalmente em situações que colocassem em risco credores sem condições de tutelar, por si só, os seus interesses.

No direito brasileiro, a primeira norma legal que acolheu a teoria da desconsideração da personalidade jurídica foi o Código de Defesa do Consumidor (Lei nº 8.078, de 11 de setembro de 1990*), estabelecendo em seu art. 28 que a personalidade jurídica da sociedade pode ser desconsiderada "quando, em detrimento do consumidor, houver abuso de direito, excesso de poder, infração da lei, fato ou ato ilícito ou violação dos estatutos ou contrato social" ou, ainda, "[quando houver] falência, estado de insolvência, encerramento ou inatividade da pessoa jurídica provocados por má administração". Na mesma esteira, outros diplomas legais também acolheram situações em que a pessoa jurídica deve ser desconsiderada, para atingir a pessoa realmente responsável pelo ato contrário ao direito, como é o caso das leis que tutelam o livre mercado e o meio ambiente.

Dentro do âmbito empresarial, destacamos que a teoria da desconsideração da personalidade jurídica encontra amparo no Lei nº 10.406/2002. Esse diploma consagrou em seu art. 50 que:

> *Em caso de abuso da personalidade jurídica, caracterizado pelo desvio de finalidade, ou pela confusão patrimonial, pode o juiz decidir [...] que os efeitos de certas e determinadas relações de obrigações sejam estendidos aos bens particulares dos administradores ou sócios da pessoa jurídica.*

---

* Caso você queira ler na íntegra o texto da Lei nº 8.078/1990, acesse o seguinte *link*: <http://www.planalto.gov.br/ccivil_03/Leis/L8078.htm>. Essa lei dispõe sobre todas as providências relacionadas aos direitos do consumidor.

Perguntas e respostas

Em quais situações os sócios podem vir a responder com seu patrimônio particular pelas obrigações da sociedade? Seria apenas em casos de desconsideração da pessoa jurídica?

Inicialmente, é necessário diferenciarmos autonomia patrimonial da pessoa jurídica, fato reconhecido pela lei e pela grande maioria da doutrina, da limitação de responsabilidade do sócio. A autonomia patrimonial da pessoa jurídica reconhece a esta um patrimônio próprio, autônomo e distinto do patrimônio particular dos sócios. Como, no direito, a garantia do credor é o patrimônio do devedor, deve o patrimônio da pessoa jurídica responder pelas obrigações decorrentes de suas atividades regulares. Por outro lado, o regime jurídico ao qual está submetido o sócio, por conta de seu vínculo com a sociedade, faz com que seja necessário investigar o modelo de sociedade da qual participa para verificar se sua responsabilidade, embora seja sempre subsidiária, será limitada ou ilimitada. Sendo limitada, sua responsabilidade estaria adstrita àqueles valores que se comprometeu a investir na sociedade. Apesar dessa regra geral, pode vir a responder ilimitadamente pelas obrigações sociais em alguns casos, tais como: se aprovar deliberação ilegal ou contrária ao disposto no ato constitutivo, se atuar com objetivo de fraudar credores, por conta da teoria da desconsideração da pessoa jurídica, entre outras hipóteses previstas em lei. Além disso, devemos ressaltar que a justiça do trabalho não tem prestigiado a limitação da responsabilidade dos sócios, visando a uma maior proteção ao empregado.

Analisamos até aqui a teoria geral do direito societário, abordando regras e temas que facilitam o entendimento da matéria. Passamos agora a analisar os tipos societários mais importantes, previstos no ordenamento jurídico brasileiro. Os tipos societários tratam de modelos legais de estrutura societária, que deverão ser analisados, sendo um deles devidamente escolhido por aqueles que almejam desenvolver atividade econômica, sujeitando os envolvidos a um conjunto de regras próprias aplicáveis ao respectivo tipo.

O desenvolvimento da matéria da seção a seguir teve como fonte de referência o Livro II do Código Civil Brasileiro, que trata do direito da empresa, especialmente as regras de direito societário, localizadas no referido código entre os arts. 981 e 1.112.

2.4 Das sociedades em espécie

Nosso Código Civil elenca as espécies de sociedade reconhecidas no direito brasileiro. Conforme tivemos a oportunidade de perceber quando estudamos a classificação das sociedades, estas inicialmente se dividem em dois grandes grupos: o das sociedades personificadas e o das não personificadas.

No âmbito das sociedades não personificadas, temos as *sociedades em comum* e as *sociedades em conta de participação*.

A sociedade em comum é aquela que não levou seu ato constitutivo a registro e, justamente por isso, não é dotada de personalidade jurídica. Nela encontramos todos os elementos que caracterizam uma sociedade, porém, justamente pelo fato de os sócios não terem cumprido requisito previsto em lei, sujeitam-se a uma situação peculiar, sendo regulada de forma especial pelo direito brasileiro, que, ao mesmo tempo que reconhece a existência desse tipo de sociedade, prescreve normas bastante rígidas aos sócios, especialmente ao estabelecer que todos eles respondem solidária e ilimitadamente pelas obrigações sociais e ao fixar a responsabilidade direta do sócio que contrata em nome da sociedade.

Outro ponto que devemos destacar nessa espécie de sociedade diz respeito à prova de sua existência em caso de conflito entre os interessados. Os sócios somente podem provar a existência da sociedade por escrito, enquanto terceiros podem fazer prova da entidade de por qualquer meio em direito admitido, como através de testemunhas.

Vejamos agora a segunda espécie de sociedade não personificada. Trata-se da sociedade em conta de participação, uma sociedade que classicamente a doutrina sempre entendeu aproximar-se muito de um contrato de investimento (cf., por todos, Diniz, 2008, p. 173), na qual existem duas espécies de sócios – o ostensivo, que é aquele que exerce a atividade constitutiva do objeto social em seu próprio nome e sob sua exclusiva responsabilidade, e o sócio participante, que investe na sociedade com o objetivo de participar dos resultados.

De acordo com os arts. 992 e 993 do Código Civil, a sociedade em conta de participação pode ser contratada por escrito ou verbalmente, e o eventual registro do contrato social não confere à sociedade personalidade jurídica. Perante terceiros, aparece somente o sócio ostensivo, limitando-se o sócio participante a entregar recursos para a sociedade e a fiscalizar as atividades sociais. A especialização desse patrimônio assume contornos meramente internos e contábeis, sendo que a participação do sócio investidor é anotada na contabilidade do sócio ostensivo, numa rubrica própria.

As espécies de sociedades personificadas também vêm tipificadas no Código Civil, sendo divididas em *simples* e *empresárias* de acordo com o modo de exploração de seu objeto social. Passamos agora a analisá-las. Quando nos referimos a um tipo societário, estamos fazendo menção a um modelo societário, com regras que lhe são próprias. Em relação às sociedades contratuais, cada tipo societário é tratado em um capítulo específico do Código Civil, que nos traz normas que são aplicadas prioritariamente ao modelo escolhido, tendo como função definir suas características fundamentais e seu regime. As *sociedades institucionais*, a seu turno, são reguladas em lei especial.

A sociedade simples é o modelo que pode ser adotado em atividades econômicas desenvolvidas em grupo, fora do âmbito de atuação do empresário sujeito a registro. Ao lado delas, temos também os tipos societários previstos para estruturação das sociedades empresárias, que são as *sociedades em nome coletivo, em comandita simples, limitada, anônima e comandita por ações*. Sendo a sociedade empresária, deverá constituir-se segundo um desses tipos que lhes são reservados. Já a sociedade simples tem a faculdade de optar por constituir-se sob a forma de uma sociedade em nome coletivo, em comandita simples ou limitada e, em não o fazendo, subordina-se ao conjunto de normas que lhe é especialmente dedicado na lei, sendo chamada por parte da doutrina, nesse caso, de **sociedade simples pura** ou **comum** (Mamede, 2004, p. 283).

Neste momento, vamos nos aprofundar nas implicações da sociedade simples, que merecem um estudo mais detalhado na seção a seguir.

Sociedades simples

As normas que regulam a sociedade simples são objeto de capítulo especial do Código Civil, que vai do art. 997 ao art. 1.038, nos quais encontramos regras relativas à constituição da sociedade, aos direitos e às obrigações dos sócios, ao procedimento para a tomada de decisões no âmbito interno da sociedade, à forma de administração, às relações com terceiros e às hipóteses de dissolução de vínculos societários.

A sociedade simples foi projetada para ser um modelo de sociedade padrão, com regras-base para todos os demais modelos societários, especialmente para as sociedades contratuais. Por conta disso, verificamos considerável grau de detalhamento em sua disciplina. Aliás, suas regras são normalmente aplicáveis, de forma supletiva, aos demais tipos societários no caso de omissão legal das regras que lhes são próprias.

Vamos agora analisar cada uma de suas seções.

Do contrato social e a constituição da sociedade

O ato de criação da sociedade simples, também chamado de *ato constitutivo*, é o contrato social por meio do qual a sociedade simples inicia sua existência legal.

Percebemos, assim, que se trata de um ato de fundamental importância no início, no desenvolvimento e no desfazimento da sociedade, haja vista ser o instrumento que trará anotado ajustes de grande importância, que vão influenciar os direitos e deveres das pessoas que desejam unir-se para o desenvolvimento de uma atividade em comum.

Nas sociedades simples, o contrato social deverá ser sempre escrito, podendo ser elaborado por instrumento público ou particular. O Código Civil nos indica em artigo específico (art. 997) quais cláusulas devem estar obrigatoriamente inseridas num contrato social. Se você observar com atenção, irá perceber que se tratam de cláusulas que traduzem os elementos essenciais do conceito de uma sociedade, indicando os seguintes itens:

» as pessoas que farão parte da sociedade;
» a atividade econômica que será desenvolvida, quais os bens ou serviços que serão objeto de prestação por parte dos sócios à sociedade;
» como irá se dar a partilha dos resultados.

Além disso, por se tratar de sociedade personificada, o contrato exige que sejam indicadas as pessoas que irão exteriorizar a vontade da sociedade, ou seja, quem serão seus administradores.

Devido à sua vital importância, chamamos tais cláusulas de *obrigatórias*, até porque a lei determina que estas são indispensáveis para o registro do contrato no órgão competente.

Não obstante, além dessas cláusulas, os sócios têm a oportunidade de ajustar outras para melhor regular seus interesses, para deixar registrado por escrito suas respectivas intenções iniciais e futuras, principalmente durante o curso da vida social e no rompimento dos vínculos que os ligam. Chamamos essas cláusulas de *facultativas* apenas pelo fato de que não precisam estar presentes no contrato social para que ele possa ser registrado, mas não olvidemos que, em casos específicos, tais cláusulas podem se revelar de importância vital na defesa dos interesses de cada sócio individualmente considerado.

Com efeito, o contrato social, muitas vezes negligenciado quando de sua elaboração por parte dos sócios, atua como instrumento de prevenção e facilitação quando se faz necessário solucionar conflitos de interesses entre eles e, por conta disso, sua importância se revela quando esse contrato está alinhado ao planejamento estratégico da empresa e é redigido com adequação jurídica.

Passemos agora à análise das cláusulas obrigatórias (art. 977, Código Civil):

» *Cláusula de qualificação dos sócios*: O contrato social deverá trazer o nome, a nacionalidade, o estado civil, a profissão e a residência de todos os sócios, lembrando que, em alguns casos, deverão ser observadas outras exigências constantes de instruções normativas do Departamento Nacional do Comércio (DNRC). A cláusula de qualificação dos sócios assume importância na medida em que, nas sociedades simples, qualquer modificação do contrato social que diga respeito à cláusula obrigatória, inclusive a que indica a figura dos sócios, somente pode ser alterada por unanimidade, ou seja, se todos os sócios concordarem. Isso impede o ingresso de terceiros e a exclusão de sócios do quadro societário com base em simples alteração no contrato social, a menos que exista o consenso de todos.

» *Cláusula indicativa da denominação*: O contrato social deverá indicar a denominação da sociedade, ou seja, o nome que identifica a pessoa jurídica. Devemos lembrar que, em se tratando de sociedade empresária, as regras de formação do nome da sociedade obrigam a utilização de firma sempre que houver sócio com responsabilidade ilimitada pelas obrigações sociais. No entanto, percebemos que o Código Civil não traz regras de observância obrigatória para a formação do nome de sociedades não empresárias, apenas equiparando a denominação das sociedades simples, das associações e das fundações ao nome empresarial, para fins de proteção.

» *Cláusula do objeto social*: O contrato social deverá indicar, de modo preciso, qual é a atividade econômica que será desenvolvida pela sociedade. Quando da elaboração dessa cláusula, embora não seja obrigatória, tem sido observada a

Classificação Nacional de Atividades Econômicas (CNAE)*, que nos traz certa padronização de atividades, adotada pelos órgãos da administração tributária nacional, e que tem sido muito utilizada por diversos municípios para a concessão de alvará. A cláusula do objeto social assume também importância para o direito das marcas.

» *Cláusula da sede*: A sede da pessoa jurídica indica o local onde deverá funcionar sua diretoria e administração. Tem importância na medida em que é referência para aplicação de certas regras jurídicas, como as que definem a competência de foro. Como regra geral, podemos dizer que nos processos judiciais em que for ré a pessoa jurídica, o local de sua sede será o foro competente para julgamento da ação.

» *Cláusula do prazo de duração da sociedade*: O prazo de duração da sociedade poderá ser determinado ou indeterminado. Essa cláusula nos desperta interesse prático na medida em que as regras societárias que definem o direito do sócio de se retirar da sociedade variam conforme a sociedade tenha sido ajustada por prazo determinado ou indeterminado. Nestas, o sócio tem o direito de se retirar da sociedade mediante notificação aos demais sócios, com antecedência mínima de 60 dias. Já nas sociedades por prazo determinado, o sócio ficará vinculado até o termo final, podendo exercer seu direito de retirada apenas por meio de ação judicial, provando justa causa.

» *Cláusula do capital social*: Essa cláusula revela a quantidade de recursos estimada pelos sócios para dar início às atividades sociais e realizar de maneira eficaz o objeto social. De

---

* Caso você queira ter acesso às informações referentes à CNAE, acesse o *link*: <http://www.receita.fazenda.gov.br/pessoajuridica/cnaefiscal/cnaef.htm>.

forma consciente, o valor do capital social deverá ser encontrado por meio da elaboração de um plano de negócios, podendo ser formado por qualquer espécie de bens suscetíveis de avaliação pecuniária, e sempre expresso em moeda corrente. A cláusula que define o capital social deverá demonstrar efetivamente o montante que os sócios entendem como necessário para que a sociedade possa fazer frente às suas despesas de constituição e, no mínimo, às relativas aos primeiros meses de exercício do objeto social.

» *Cláusula indicativa da quota social e modo de realizá-la*: Uma vez estimado o capital social necessário para o início da atividade, cumpre aos sócios pactuarem o modo de sua realização. A parcela que cada sócio se compromete a entregar para a formação do capital social indica a sua respectiva cota social, revelando sua obrigação perante a sociedade e servindo como referência para os direitos patrimoniais e políticos que irá titularizar na condição de sócio. Cabe-nos neste momento frisar a importância da diferença entre *capital social subscrito e integralizado*: o capital social subscrito é o que os sócios prometem transferir para a sociedade. Capital integralizado, por sua vez, é o que já foi transferido do patrimônio particular do sócio para o patrimônio da sociedade. O contrato social deverá indicar se o capital vai ser realizado quando da constituição da sociedade ou se será em parcelas periódicas e se compreenderá dinheiro ou eventualmente outra espécie de bens.

» *Cláusula do sócio de serviços*: Não é comum encontrarmos numa sociedade a figura do sócio de serviços por uma razão muito simples – o tipo societário mais utilizado é o das sociedades limitadas, que não permite a existência do sócio de serviços. No entanto, nas sociedades em que a obrigação de algum sócio consista na obrigação de serviços, em vez de entrega de bens, faz-se necessário que conste no contrato social discriminação adequada das prestações às quais está obrigado o sócio. A importância prática dessa cláusula está no fato de que esta irá traduzir exatamente qual é a obrigação do sócio de serviços que, salvo convenção em contrário, deverá dedicar-se com exclusividade à sociedade sob pena de ser excluído dela e privado dos lucros aos quais tem direito.

» *Cláusula da administração*: O contrato social deve indicar as pessoas naturais para a administração da sociedade, seus poderes e atribuições. É por intermédio dos administradores que a sociedade exerce as faculdades inerentes à sua capacidade civil, como aquisição de direitos e assunção de obrigações. Notamos aqui que um detalhamento dos poderes e atribuições do administrador auxilia na verificação de sua responsabilidade pelos atos que pratica, bem como facilita uma maior discriminação de competências no âmbito interno da sociedade. No caso de o contrato social não indicar quais são os poderes dos administradores, estes poderão praticar todos os atos pertinentes à gestão da sociedade, com ressalvas à oneração de bens imóveis, que exigirá deliberação prévia por parte de todos sócios, caso não seja exatamente esse o objeto da sociedade.

» *Cláusula da partilha de resultados*: O contrato social deverá determinar a participação dos sócios nos lucros e nas perdas decorrentes do exercício da atividade. O mais comum é o ajuste de distribuição proporcional à participação de cada um no capital social, ou seja, a divisão é feita na proporção das respectivas cotas. Todavia, observamos que a legislação permite uma divisão de direitos e responsabilidades desproporcional ao capital investido, sendo ilegal apenas pacto estabelecendo que algum sócio seja totalmente excluído dos lucros ou das perdas.

» *Cláusula indicativa da responsabilidade dos sócios*: Deverá o contrato social indicar também a responsabilidade dos sócios pelas obrigações sociais. De acordo com o Código Civil, o contrato social deverá afirmar se os sócios respondem ou não subsidiariamente pelas obrigações sociais. Sem embargo de certa imprecisão do dispositivo, a interpretação que prevalece é a de que a redação dessa cláusula deverá ser correspondente ao regime aplicável ao tipo societário escolhido, ou seja, a cláusula deverá reproduzir o modelo de responsabilidade dos sócios adotado pela lei, para a espécie de sociedade que está sendo constituída. Por exemplo: se for uma sociedade simples pura, a redação da cláusula deverá indicar que os sócios respondem de forma subsidiária e ilimitada pelas obrigações sociais. Portanto, não é possível afastar por meio do contrato a responsabilidade decorrente de lei. Observe que não é lícito numa sociedade em nome coletivo, na qual todos os sócios respondem com seu patrimônio pessoal pelas obrigações sociais, pactuar cláusula excluindo a responsabilidade subsidiária dos sócios. No sentido inverso, é possível aos sócios agravar essa responsabilidade, por exemplo, nas sociedades simples puras, pactuando obrigação solidária entre eles em relação às dívidas sociais.

Dos direitos e das obrigações dos sócios

A principal obrigação dos sócios é a de contribuir para a sociedade com bens ou serviços.

No que diz respeito às obrigações dos sócios, é importante deixarmos bem claro que não podemos confundi-las com as obrigações que a sociedade adquire no desenvolvimento de sua atividade econômica. As dívidas e obrigações que a sociedade porventura venha a contrair no desenvolvimento de suas atividades são dela e, a princípio, os sócios não têm dever algum de saldá-las. Tais dívidas devem ser pagas com os recursos da própria sociedade, que decorrem das contribuições que os sócios fazem para a formação do capital social e do exercício regular da atividade.

Além da obrigação do sócio de realizar o valor de sua quota social, está ele obrigado também ao cumprimento de outros deveres previstos no tipo societário escolhido para a sociedade da qual faz parte e a outros eventualmente indicados no contrato social.

Nas sociedades simples, de um modo geral, os sócios não podem se beneficiar de distribuição de lucros quando estes forem ilícitos ou fictícios, se sabiam ou deviam conhecer a ilegitimidade do ato, assim como não podem utilizar seu voto em deliberação para aprovar operação na qual tenham interesse contrário ao da sociedade. Os sócios têm também a obrigação de exercer regularmente a administração da sociedade, em caso de não ter sido nomeado nenhum administrador para a função e de garantir a nomeação de liquidante, no caso de dissolução da sociedade, dentre outras.

Ainda, existindo a figura do sócio de serviços, este está obrigado a não se empregar em atividades estranhas à sociedade.

Podemos citar aqui o dever dos sócios de participar das perdas sociais, de suportar a perda do dinheiro investido nas sociedades limitadas e ainda de arcar de forma subsidiária pelas obrigações sociais nas sociedades de responsabilidade ilimitada.

Por outro lado, o sócio, por conta dessa qualidade, possui uma vasta gama de direitos em relação à sociedade, direitos esses que podemos classificar em *patrimoniais e políticos*. Os direitos patrimoniais são essencialmente dois, o *direito à partilha dos lucros* e o *de participar do acervo da sociedade em caso de liquidação*. A regra geral é a de que os sócios participam dos lucros na proporção das respectivas cotas; no entanto, os sócios podem pactuar a forma de divisão que acharem mais conveniente, desde que não haja violação da regra que impede que o sócio seja efetivamente privado dos lucros da sociedade.

O direito de participação no acervo social é o que permite ao sócio receber parte do patrimônio da sociedade caso ela entre em liquidação. Como o procedimento de liquidação leva à extinção da sociedade, os bens que integram seu patrimônio deverão ser revertidos aos sócios. Devemos frisar ainda que, no caso de dissolução parcial, o sócio tem direito de receber valor correspondente à sua participação no capital social, o que comumente chamamos de direito de reembolso, que se dá após a *apuração de haveres do sócio*.

Já os direitos políticos conferem ao sócio a possibilidade de decidir sobre os negócios da sociedade e intervir na atuação da vontade da pessoa jurídica.

Todos os sócios têm o direito de participar das deliberações sociais. Há decisões referentes aos negócios do dia a dia da atividade social que são tomadas pelos administradores, sem que haja necessidade de consulta à generalidade dos sócios. Já nas decisões mais importantes, estejam elas indicadas na lei ou no contrato social, os sócios têm direito de tomar parte delas, sob pena de invalidade da decisão. As deliberações são tomadas por meio da manifestação da vontade dos sócios, que se inteiram sobre os assuntos a serem decididos, discutem a matéria e votam. Para a validade de uma deliberação, é necessário observar o procedimento próprio previsto em lei ou no contrato social, bem como deve ser observado o quórum previsto para a aprovação da matéria. O Código Civil, excetuando-se as regras gerais para o procedimento de liquidação da sociedade, não estabelece formalidades especiais para as deliberações no âmbito das sociedades simples. Dessa forma, deverá ser observado o procedimento ajustado pelos sócios no contrato social, e, se o contrato social não tratar do tema, a deliberação ocorre através de qualquer meio que revele de forma efetiva a manifestação de vontade dos sócios, o que pode dar margem a muita controvérsia. Portanto, a forma mais segura de deliberação nas sociedades simples puras ocorre quando o contrato social descreve adequadamente o procedimento das deliberações sociais ou quando a matéria é aprovada por meio de uma manifestação dos sócios fixada em documento escrito.

Enfim, para que uma deliberação seja aprovada, é necessário que seja atingido o quórum previsto em lei. Qualquer alteração do contrato social envolvendo cláusulas obrigatórias (matérias do art. 997 do Código Civil) depende do consentimento de todos os sócios. A alteração das cláusulas facultativas do contrato social, aquelas que regulam outros assuntos que não estejam indicados no mesmo artigo, pode ser decidida por maioria absoluta, ou seja, por votos correspondentes a mais da metade do capital social, salvo se o contrato exigir unanimidade. Em caso de empate, a questão é decidida pelo maior número de sócios e, persistindo o empate, a questão deve ser levada à decisão judicial.

Outro direito de natureza política é o direito de retirada. Nas sociedades simples, qualquer dos sócios pode desligar-se da sociedade a qualquer tempo, desde que a sociedade seja de prazo indeterminado e que notifique os demais sócios da sua intenção, mediante aviso prévio de 60 dias. Já nas sociedades por prazo determinado, o sócio fica vinculado até o termo final, podendo exercer direito de retirada apenas judicialmente, provando justa causa. Em ambos os casos, terá o sócio direito à apuração de seus haveres, que normalmente leva em conta a participação do sócio no capital social, bem como o patrimônio líquido da sociedade.

Os sócios possuem ainda o direito de fiscalizar os negócios sociais. Nas sociedades simples, esse direito é bastante amplo, na medida em que impõe aos administradores prestar aos sócios contas justificadas de sua administração e apresentar-lhes anualmente o inventário, o balanço patrimonial e o de resultado econômico. Além disso, têm os sócios o direito de examinar a qualquer tempo os livros, os documentos, o estado do caixa e a carteira da sociedade. No entanto, para sócios distantes da gestão, é recomendável que o contrato social detalhe melhor esse direito. Não obstante, pode ainda o ato constitutivo limitar esse direito, estipulando épocas específicas para que os sócios tenham acesso à contabilidade, aos documentos e à caixa da sociedade. Mesmo no caso de o sócio ser administrador, os direitos anteriormente elencados não se alteram, pois sua função apenas facilita que tenham um conhecimento mais amplo da contabilidade e da forma de condução dos negócios.

Administração

Uma vez que a pessoa jurídica não possui existência física, ela sempre precisará atuar por meio de uma pessoa natural, responsável por exprimir a vontade social. Por isso, dizemos que a sociedade adquire direitos, contrai obrigações e atua em juízo por intermédio de seus administradores.

Os administradores da sociedade são nomeados no contrato social ou em instrumento em separado. Caso ninguém tenha sido nomeado ou em caso de eventual destituição do administrador sem que haja a nomeação de um outro, o dever de administração automaticamente irá recair sobre todos os sócios separadamente, podendo cada um deles impugnar atos praticados pelos demais, cabendo nesse caso a decisão final aos sócios.

O administrador da sociedade, no exercício de suas funções, tem os deveres de cuidado, diligência, probidade e deve ser ativo na condução dos negócios sociais.

Não podem ser administradores da sociedade, em regra, as mesmas pessoas proibidas de exercer a empresa na qualidade de empresário individual, aquelas impedidas por lei especial, bem como os condenados à pena que vede o acesso a cargos públicos, os condenados por crime falimentar, de prevaricação, peita ou suborno, concussão, peculato, contra a economia popular, contra o sistema financeiro nacional, contra as normas de defesa da concorrência, contra as relações de consumo, a fé pública ou a propriedade, enquanto perdurarem os efeitos da condenação (art. 1.011, § 1º, Código Civil).

Os administradores têm como função praticar os atos necessários à realização do objeto social, visando ao maior lucro possível para os sócios. Podem praticar todos os atos relativos à gestão da sociedade, salvo se houver limitação de poderes prevista no contrato social ou se houver determinação em contrário da maioria dos sócios. Além disso, o administrador responde por perdas e danos perante a sociedade se realizar operações duvidosas, sabendo ou devendo saber que agia em desacordo com a maioria. A oneração ou a venda de bens imóveis também depende de prévia decisão da maioria dos sócios, salvo se esse for o objeto social. Por fim, devemos ressaltar que não pode o administrador que tem interesse contrário ao da sociedade em alguma operação participar de deliberação sobre o tema.

Uma inovação que notamos no Código Civil consiste na adoção da chamada *teoria "ultra vires"*. Indo além, o art. 1.015 do mesmo diploma estabelece que a sociedade pode se opor ao cumprimento de obrigações contraídas junto a terceiros se tais atos traduzirem excesso de poderes por parte dos administradores, desde que exista limitação de poderes averbada junto ao registro da sociedade, e se for comprovadamente de conhecimento do terceiro ou em caso de operação evidentemente estranha aos negócios da sociedade. Essa norma vai de encontro à celeridade e ao informalismo próprio dos negócios empresariais, pois exige cuidado maior por parte daqueles que contratam com a sociedade, obrigando-os a consultar o registro da sociedade para uma maior garantia na concessão de crédito. No entanto, devemos ressaltar que a doutrina e a jurisprudência classicamente desprestigiam normas que não estejam em consonância com a aparência dos negócios e a boa-fé dos envolvidos.

Ao analisarmos a responsabilidade dos administradores, verificamos que eles respondem pelos atos culposos que praticarem no desempenho de suas funções, ou seja, não são os administradores responsáveis pelos prejuízos que a sociedade tiver, quando inerentes aos riscos do negócio, mas sim apenas quando agirem de forma dolosa para prejudicar a sociedade, ou de maneira negligente, imprudente ou com imperícia. Além disso, o administrador que aplicar créditos ou bens da sociedade em proveito próprio ou de terceiros, sem o consentimento escrito dos sócios, terá de restituí-los à sociedade ou pagar o equivalente, com todos os lucros resultantes e, em caso de resultar prejuízo, também responderá por isso.

O sócio nomeado administrador no contrato social somente pode ter seus poderes revogados em razão de justa causa, reconhecida judicialmente. Já o administrador nomeado em ato separado, ou que não seja sócio, pode ter seus poderes revogados a qualquer tempo, havendo deliberação nesse sentido.

Responsabilidade dos sócios e da sociedade perante terceiros

Uma vez que a legislação reconhece personalidade e capacidade às sociedades, decorrência lógica é que toda sociedade personificada tenha responsabilidade pelos atos que pratica e pelos negócios que celebra. A isso chamamos de *responsabilidade direta da pessoa jurídica*, que resulta da afirmação de sua autonomia em relação aos sócios.

Uma vez que a pessoa jurídica não possui existência física, mas pressupõe a existência de pessoas naturais que são responsáveis pela sua criação e pela orientação de sua vontade, sempre haverá um vínculo indissociável entre os sócios e a pessoa jurídica durante a existência legal da sociedade. Nada disso retira a autonomia da pessoa jurídica, mas faz com que os sócios tenham sempre sua responsabilidade investigada em determinadas situações.

Há situações nas quais os sócios respondem diretamente pelas obrigações contraídas pela sociedade. Quando praticam atos que violem a lei ou o contrato social, a autonomia da pessoa jurídica não é prestigiada pelo direito e a responsabilização do sócio não está condicionada à execução prévia dos bens da sociedade.

Existem também situações em que o sócio tem responsabilidade subsidiária pelas obrigações da sociedade, ou seja, se os bens sociais não forem suficientes para cobrir as dívidas, os sócios respondem pelo saldo, na proporção em que participem das perdas sociais, salvo cláusula de responsabilidade solidária pactuada no contrato social. Tal regra se aplica às sociedades contratuais de responsabilidade ilimitada, como é o caso da sociedade simples pura. Nessas sociedades, os bens particulares dos sócios podem ser executados por dívidas da sociedade, mas somente depois de executados os bens sociais. Em outras palavras, existe nesse caso um benefício de ordem em favor do sócio que tem o direito de exigir que em primeiro lugar sejam expropriados os bens da sociedade e, apenas se estes não forem suficientes, estará sujeito a suportar as dívidas sociais, que poderão recair sobre bens do seu patrimônio particular.

Devemos lembrar ainda importante regra do direito societário que estabelece a responsabilidade do sócio ingressante em sociedade já constituída. A lei diz que ele não se exime das dívidas sociais anteriores à admissão; portanto, tal norma requer um cuidado redobrado por parte da pessoa que deseja participar de uma sociedade já em funcionamento.

Da dissolução das sociedades

Quando analisamos a dissolução das sociedades, devemos distinguir duas de suas modalidades – a dissolução de todos os vínculos existentes e a dissolução de parte deles. A essas duas espécies chamamos respectivamente de *dissolução total* e *parcial das sociedades*. Vejamos cada uma delas.

O Código Civil se refere à dissolução parcial da sociedade na Seção V do referido diploma, intitulada *resolução da sociedade em relação a um sócio.* Nessa modalidade de dissolução societária, ocorre o rompimento de parte dos vínculos que ligam os sócios entre si e com a entidade da qual fazem parte, ou seja, estamos tratando de atos que acarretam o desfazimento dos vínculos jurídicos que ligam um sócio à sociedade. Em termos práticos, podemos dizer que são aqueles casos nos quais uma pessoa deixa de ser sócia e passa a titularizar direito de liquidar sua cota social por meio da apuração dos seus respectivos haveres.

São causas de dissolução parcial a morte de sócio, o exercício do direito de retirada, a exclusão de sócio, a liquidação da quota de sócio a pedido de credor particular deste e a declaração de falência de sócio.

A resolução da sociedade em relação a um sócio obriga à liquidação da cota daquele que deixa o quadro social, nos termos do Código Civil, art. 1.031. Caso não haja consenso entre os sócios ou procedimento específico previsto no contrato social, a cota deverá ser considerada pelo valor efetivamente realizado e com base na situação patrimonial da sociedade, à data da resolução, verificada em balanço especialmente levantado. Ou seja, a apuração dos haveres do sócio que se desliga da sociedade tem como base o patrimônio da sociedade no momento em que ocorre o evento. Haverá necessariamente uma redução do capital social, salvo se os sócios remanescentes suprirem o valor da quota liquidada. Esta deverá ser paga em dinheiro, em até 90 dias da liquidação, salvo estipulação contratual em contrário.

No caso de morte de sócio, seus herdeiros não são obrigados, em nenhuma hipótese, a ingressar na sociedade. Isso só ocorrerá se houver acordo entre eles e os demais sócios. Por outro lado, se o contrato social possuir cláusula autorizando a substituição do sócio falecido por seus herdeiros, estes terão o direito de ingressar na sociedade, pois se entende que os demais sócios já haviam autorizado tal situação ao ajustar tal acordo. Ou seja, no caso de morte de sócio, em regra, liquida-se a cota do sócio falecido e seus herdeiros não ingressam na sociedade, salvo comum acordo.

O sócio pode ser excluído da sociedade na hipótese de se tornar sócio remisso ou, por meio de ação judicial, mediante iniciativa da maioria dos demais sócios, por falta grave no cumprimento de suas obrigações ou em caso de incapacidade superveniente.

Outra hipótese de dissolução parcial ocorre havendo liquidação da cota de sócio por conta de dívidas particulares deste, por força de execução judicial. Se isso ocorrer, o valor da cota será apurado e depositado em dinheiro pela sociedade em favor do sócio em até 90 dias após a liquidação.

O exercício do direito de retirada, que já abordamos quando tratamos dos direitos políticos do sócio, também é causa de dissolução parcial da sociedade.

Além das hipóteses de dissolução parcial que analisamos anteriormente, poderá também o sócio deixar a sociedade negociando sua saída com os demais, inclusive podendo ajustar a cessão de suas cotas a outro sócio ou terceiro interessado, por meio de negócio jurídico gratuito ou oneroso.

Dissolução total

Quando falamos em *dissolução total* da sociedade, não estamos tratando de situações em que a sociedade se desfaz, deixa de existir, como pode parecer à primeira vista. Não podemos confundir *dissolução* com *extinção da sociedade*, muito embora sejam conceitos estudados dentro de um mesmo contexto. Por *dissolução* devemos entender as situações que, uma vez verificadas, dão início ao processo de liquidação da sociedade, sob pena de continuidade irregular dos negócios. Dissolução é o evento que dá início ao procedimento de liquidação que leva à extinção da sociedade e que determina o momento a partir do qual a sociedade deverá deixar de realizar a atividade que justificou a sua criação, restringindo a gestão própria aos atos inadiáveis.

A dissolução poderá ser judicial ou extrajudicial. O art. 1.033 do Código Civil estabelece as causas de dissolução extrajudicial, que são as seguintes:

» vencimento do prazo de duração;
» consenso unânime dos sócios;
» deliberação da maioria absoluta na sociedade de prazo indeterminado;
» falta de pluralidade de sócios, não reconstituída no prazo de 180 dias;
» a extinção, na forma da lei, de autorização para funcionar.

A sociedade também pode ser dissolvida por meio de decisão judicial, nas hipóteses do art. 1.034 do código anteriormente citado, quando anulada a sua constituição, exaurido o fim social, verificada a sua inexequibilidade ou, ainda, por força de outra causa ajustada pelos sócios no contrato social.

Dissolvida a sociedade, a primeira providência a ser adotada é a nomeação do liquidante, quando então é dado início ao procedimento de liquidação, que deverá obedecer ao disposto no capítulo próprio do Código Civil que trata da matéria e ao que foi estabelecido no contrato social.

O processo de liquidação tem por finalidade tornar pública a dissolução da sociedade, finalizar os negócios em andamento, realizar o ativo, pagar o passivo e partilhar o remanescente entre os sócios. No final do procedimento, o liquidante deverá convocar assembleia dos sócios para a prestação final de contas e, se aprovadas, encerra-se a liquidação e a sociedade se extingue, com o arquivamento no órgão de registro da ata dessa assembleia. Trata-se de procedimento, em regra, extrajudicial, contudo, caso haja conflito de interesses entre os sócios, a liquidação poderá ocorrer por meio judicial.

Ao contrário do que ocorre com as sociedades simples, nosso ordenamento jurídico não reconhece a existência da sociedade empresária pura, ou seja, toda sociedade empresária está obrigada a optar por algum dos tipos societários que lhe são reservados pela legislação, entre os quais iremos analisar mais profundamente a sociedade limitada, que consiste num dos tipos mais utilizados. A sociedade anônima, tão importante quanto, será analisada detalhadamente mais adiante.

Da sociedade limitada

A sociedade limitada é o tipo societário mais utilizado por empreendedores em nossa economia. Constatamos que as razões do sucesso desse modelo decorre de algumas de suas características principais: *natureza contratual* e *limitação de responsabilidade dos sócios perante terceiros*.

A natureza contratual da sociedade limitada confere aos sócios maior liberdade de autorregular seus interesses por meio de ajustes no contrato social. E pelo fato de só existirem duas espécies societárias que possibilitam a limitação da responsabilidade dos sócios, a sociedade limitada e a anônima, e sendo esta mais complexa e de maior custo de constituição e manutenção, a sociedade limitada acaba por ser o modelo mais adotado em pequenas e médias empresas. Vejamos a seguir as disposições legais que regulam essa sociedade empresária.

Legislação aplicável

Revogando o Decreto nº 3.078, de 14 de janeiro de 1919, que insuficientemente regulava a antiga sociedade por quotas de responsabilidade limitada, o Código Civil de 2002 traz em seu bojo as novas regras aplicáveis a essa matéria. Nesse diploma, em capítulo específico, vamos ter acesso a uma série de artigos que tratam das características principais desse tipo de sociedade. Como tais regras não são suficientes para disciplinar a imensa gama de questões jurídicas que envolvem esse tipo societário, nas omissões desse capítulo próprio aplicam-se às sociedades limitadas as normas das sociedades simples.

Podem os sócios, no entanto, por meio de previsão expressa no contrato social, eleger a aplicação supletiva das regras da sociedade anônima, apoiadas pela Lei nº 6.404/1976. Notem, portanto, que para isso se faz necessário a inclusão de uma cláusula própria dentro do contrato social da limitada, elegendo a lei do anonimato como integrante do regime jurídico das limitadas. As vantagens de cláusula como essa dependem das circunstâncias de cada sociedade em especial, pois é a vontade dos sócios e a estrutura da sociedade que irão justificar a utilidade da regência supletiva da lei das sociedades anônimas.

Não obstante, devemos atentar para o fato de que há normas da Lei das Sociedades Anônimas que são incompatíveis com o regime legal das sociedades limitadas, tais como as regras relativas à emissão de valores mobiliários estranhos ao capital social, modo de constituição, emissão pública de títulos como forma de captação de poupança popular entre outras (Carvalhosa, 2007, p. 45).

Do contrato social

Da análise do regime jurídico traçado pelo Código Civil, percebemos que as sociedades limitadas são sempre personificadas e, portanto, dependem da elaboração de um contrato escrito e registrado no órgão competente. A primeira conclusão à qual chegamos é que as sociedades limitadas serão sempre consideradas pela lei como pessoa autônoma que não se confunde com a figura de seus sócios, possuindo autonomia patrimonial, negocial e processual.

Quanto ao conteúdo, o contrato social das sociedades limitadas segue as mesmas regras previstas para as sociedades simples, que já estudamos, com as peculiaridades que lhe são próprias. Por exemplo: não existe no contrato social das limitadas cláusula do sócio de serviços, pois a lei veda a esse tipo de sociedade essa opção. As demais características, que iremos analisar a seguir, também deverão ser observadas na elaboração do contrato social.

O contrato social da sociedade limitada deverá necessariamente conter cláusula indicando o capital social.

Podemos definir o capital social como sendo a somatória das contribuições dos sócios para a formação do patrimônio da sociedade da qual fazem parte. Contudo, não devemos esquecer que o capital social pode ser aumentado posteriormente por conta de outros fatores. Essa transferência de recursos dos sócios para a sociedade, que acontece na sua constituição ou num posterior aumento do capital social, e que é definida no contrato social, deve levar em conta o valor que os sócios entendem que serão necessários para que a sociedade desenvolva com êxito a atividade constitutiva do seu objeto social. Dessa forma, temos que com a celebração do contrato social os sócios se obrigam juridicamente a transferir para a sociedade os recursos ajustados e assinam embaixo, subscrevendo o capital social. Uma vez fixado no papel o capital social, cabe aos sócios torná-lo real, daí surgindo a expressão *realização do valor das cotas do capital social*, que também conhecemos por *integralização do capital social*.

Não devemos confundir *c a p i t a l   s o c i a l* e *p a t r i m ô n i o   d a   s o c i e d a d e* : enquanto este traduz o conjunto de bens, um complexo de direitos e obrigações da sociedade, posto que é extremamente variável, aquele deve ser entendido como uma cifra, um elemento contábil estável que representa as entradas dos sócios.

Nas sociedades limitadas, todos os sócios deverão contribuir com dinheiro ou bens de qualquer espécie para a formação do capital social, desde que tais bens sejam suscetíveis de avaliação pecuniária*. O capital social deverá ser expresso em valor fixo e em moeda corrente nacional, vedada contribuição que consista em prestação de serviços. A obrigatoriedade da menção do capital social no contrato da sociedade tem sua justificativa fundada nas importantes funções que ele desempenha: serve de referencial para a determinação da situação econômica da sociedade e, por conseguinte, para a verificação da produção de lucro ou prejuízo por parte da empresa, servindo também como garantia indireta para terceiros que contratam com a sociedade. Da análise da lei extraímos dois importantes princípios que norteiam o capital social: o *princípio da realidade* e o da *intangibilidade do capital social*. Pelo primeiro, o capital social integralizado deve corresponder efetivamente aos bens que os sócios prometeram entregar à sociedade. Pelo segundo, o capital social deverá se manter inalterado ao logo da existência da sociedade, salvo hipóteses autorizadas de aumento ou redução do capital social (Ferrer Correia, 1994, p. 331).

O capital social é divido em cotas que indicam a contribuição devida pelos sócios para a formação do patrimônio da sociedade, representando a parcela que o sócio se obrigou a contribuir para a formação do capital social. Note que as cotas, em regra, quantificam os direitos fundamentais dos sócios, ou seja, os sócios normalmente gozam de direitos sociais políticos e patrimoniais pela proporção que suas cotas representam.

Quanto à cessão de cotas, deverão ser observadas as regras previstas no contrato social e, em caso de omissão, aplica-se a norma legal que estabelece que as quotas sociais poderão ser vendidas, doadas, transferidas livremente aos demais sócios e, quanto a

---

* O capital social deverá ser sempre expresso em moeda corrente nacional, sendo que eventuais bens utilizados para a sua formação deverão ser objeto de avaliação por parte dos sócios e representados por cifra representativa de seu valor econômico.

terceiros, é permitida desde que não haja oposição de titulares que representem mais de um quarto do capital social.

Da responsabilidade dos sócios*

Na sociedade limitada, a responsabilidade de cada sócio é restrita ao valor de suas cotas, sendo que todos os sócios respondem solidariamente pela integralização do capital social.

Como já analisamos, na constituição da sociedade os sócios têm como obrigação principal realizar o valor de suas cotas e, assim, formar o patrimônio da sociedade. Nas sociedades limitadas, quando os sócios estabelecem suas respectivas contribuições para o capital social, eles deixam claras as quantias que pretendiam investir e arriscar no negócio. Esse modelo de responsabilidade foi adotado pela legislação para incentivar o investimento de recursos privados no desenvolvimento de atividades econômicas, fundamentais para a produção de bens e serviços. Por tais razões, podemos dizer que a responsabilidade dos sócios é limitada ao capital subscrito e não integralizado e que todos respondem solidariamente pela efetiva integralização do capital social. Os sócios, quando da constituição da sociedade ou em caso de futuro aumento do capital social, obrigam-se a prover a sociedade com tais recursos e pelo cumprimento dessa obrigação respondem perante terceiros, credores da sociedade. A integralização efetiva do capital social significa o cumprimento dessa obrigação por parte dos sócios e, uma vez verificada, os sócios não respondem mais por eventuais dívidas da sociedade. Nesse caso, podemos dizer que passa a vigorar para as sociedades limitadas uma regra especial de limitação da responsabilidade do sócio, a ser somada ao clássico princípio da autonomia patrimonial da pessoa jurídica, este válido para todas as sociedades personificadas.

---

* Embora prevista em lei, a regra da limitação da responsabilidade dos sócios não é prestigiada em algumas situações nas quais os credores da sociedade não tinham como tutelar seus interesses adequadamente no momento em que surgiram seus créditos (Coelho, 2007b, p. 403).

Portanto, com a transferência de recursos do patrimônio particular dos sócios para a formação do patrimônio da sociedade, cria-se uma entidade provida de recursos que estão vinculados ao desenvolvimento de uma atividade geradora de riquezas, delimitando-se o valor das perdas às quais os sócios estão sujeitos. Devemos notar que, em tese, o mercado possui instrumentos de informação acerca do potencial econômico da sociedade, de forma indicativa pela análise do capital e do objeto da sociedade e mais precisamente pela verificação dos balanços, que todo empresário está obrigado a levantar regularmente.

Embora prevista em lei, a regra da limitação da responsabilidade dos sócios não é prestigiada em algumas situações nas quais os credores da sociedade não tinham como tutelar seus interesses adequadamente no momento em que surgiram seus créditos.

Ainda no que diz respeito à responsabilidade dos sócios, devemos observar que todos respondem solidariamente pela correta avaliação dos bens eventualmente entregues à sociedade para a formação do capital social, e que todos são obrigados à reposição dos lucros e das quantias retiradas a qualquer título, ainda que autorizados pelo contrato, quando tais lucros ou quantia se distribuírem com prejuízo do capital.

Administração

A pessoa jurídica, como ente de existência puramente legal, necessita de órgãos que a administrem, que exteriorizem a sua vontade. O Código Civil regula a forma como a sociedade deve ser dirigida, bem como o modo de atuação das pessoas naturais incumbidas da administração.

Preliminarmente, destacamos que são os administradores que têm o uso privativo da firma ou denominação social, ou seja, são os administradores que possuem os poderes necessários para praticar atos de gestão, para agir em nome da sociedade, fazendo atuar a vontade desta.

Para identificarmos quem é o administrador, precisamos observar os atos de registro da sociedade. A sociedade limitada pode ser administrada por uma ou mais pessoas, sócios ou não, que são nomeadas no contrato social ou em um ato separado. Portanto, vamos identificar o administrador por meio da análise do contrato social e, se for o caso, de eventual ato separado que serviu de instrumento para sua nomeação. Como exemplo de ato separado, podemos citar uma ata de assembleia geral.

Quando a nomeação dos administradores é feita no contrato social, não raro encontramos cláusula genérica declarando que a administração cabe a todos os sócios. Nesse caso, eventual alteração do quadro societário com o ingresso de novo sócio não acarreta sua investidura automática na administração, pois esta não se estende de pleno direito ao sócio novo.

Quanto à forma de nomeação dos administradores, temos que, quando da constituição da sociedade, a nomeação dos administradores se dá por meio de consenso entre os sócios, que negociam isso antes de assinar o contrato social. Resta-nos saber o que ocorre em seguida.

Posteriormente, a nomeação de administrador depende de deliberação dos sócios, condicionada ao alcance do quórum legal, que varia conforme o administrador seja sócio ou não e conforme a nomeação seja feita no contrato social ou em ato separado. Para a nomeação de sócio como administrador em ato separado, é necessária deliberação tomada por votos correspondentes a mais da metade do capital social; caso a nomeação seja feita no contrato social, o quórum exigido é de votos correspondentes a três quartos do capital social no mínimo para a alteração do contrato social. Já para a nomeação de pessoa que não seja sócio, é necessário em primeiro lugar autorização expressa no contrato social, além disso, será necessária a aprovação de todos os sócios, enquanto o capital não estiver integralizado, e de dois terços, no mínimo, se o capital social já estiver integralizado.

O administrador nomeado no contrato social investe-se no cargo a partir da respectiva alteração contratual, já o administrador nomeado em ato separado investe-se no cargo por meio de termo de posse no livro de atas da administração, que deverá ser assinado em até 30 dias contados da designação, sob pena de esta se tornar sem efeito. Após a investidura, o administrador tem o prazo de 10 dias para averbar sua nomeação na junta comercial.

O exercício da administração é resguardado até uma eventual destituição, caso não tenha sido fixado prazo de duração, ou até o término do prazo, se consignado no contrato social ou no ato de nomeação, salvo se houver recondução. Finalizada a gestão, deverá ser averbado requerimento na junta comercial, em até 10 dias da ocorrência do fato. A renúncia de administrador gera efeitos em relação à sociedade a partir do momento em que esta toma conhecimento do aviso escrito do renunciante e, em relação a terceiros, após a averbação na junta comercial e publicação de ato.

Para a destituição de administrador sócio nomeado no contrato, é necessária aprovação de titulares de dois terços, no mínimo, do capital social, salvo se o contrato estipular outro quórum. A destituição de administrador não sócio nomeado no contrato social depende de aprovação de titulares de três quartos do capital social e, para a destituição de administrador nomeado em ato separado, seja ele sócio ou não, basta a aprovação de mais da metade do capital social.

É dever dos administradores, ao término de cada exercício social, providenciar a elaboração do inventário, do balanço patrimonial e do balanço de resultado econômico.

Do conselho fiscal

O contrato social pode dispor sobre a criação de um conselho fiscal na sociedade e regulamentar a instalação e o seu funcionamento, com vistas a um controle mais efetivo dos atos de gestão e da forma de atuação dos administradores e, de um modo geral, dos negócios sociais. Trata-se de um instrumento facultativo colocado à disposição dos sócios com a finalidade de auxiliar no exercício do direito de fiscalização dos atos da administração. Normalmente, esse órgão só se justifica em sociedades com grande número de sócios e quando muitos deles não fazem parte do dia a dia da empresa. Nas sociedades com menor número de sócios, a fiscalização pode ser feita por outros meios economicamente mais viáveis, de forma menos complexa.

O conselho fiscal é composto de no mínimo três membros e suplentes, sócios ou não, desde que residentes no país e que não estejam legalmente impedidos, não sejam membros dos demais órgãos da sociedade nem empregados da sociedade ou dos administradores, nem sejam o cônjuge ou parente destes até o terceiro grau. Os sócios minoritários que representem um quinto ou mais do capital social têm o direito de eleger separadamente um dos membros do conselho fiscal e o respectivo suplente.

Os membros do conselho fiscal são eleitos na assembleia anual da sociedade e têm os seguintes deveres:

» examinar, ao menos a cada trimestre, a contabilidade, o estado da caixa e da carteira da sociedade;
» lavrar no livro de atas e pareceres do conselho fiscal o resultado desses exames, bem como parecer sobre os negócios e as operações sociais do exercício em que servirem, com base nos balanços patrimonial e de resultado econômico;
» denunciar os erros, fraudes ou crimes que descobrirem;
» convocar a assembleia dos sócios se a diretoria retardar por mais de 30 dias a sua convocação anual ou sempre que ocorram motivos graves e urgentes;
» tomar as devidas providências em eventual liquidação da sociedade;

» desenvolver suas atividades conforme as regras especiais que regulam o tema.

A responsabilidade dos membros do conselho fiscal segue a regra que define a dos administradores, ou seja, apenas respondem perante a sociedade e terceiros por culpa no desempenho de suas funções. O conselho fiscal poderá contratar contabilista para assessorar o exame dos livros, dos balanços e das contas, às expensas da sociedade, desde que a remuneração do profissional seja aprovada pela assembleia dos sócios.

Deliberação dos sócios

Determinadas decisões, para que possam ser aprovadas, dependem de deliberação dos sócios. Normalmente são matérias de maior relevância, previstas na lei ou no contrato social. O Código Civil refere em lista exemplificativa decisões que só podem ser tomadas se houver deliberação dos sócios (art. 1.071), quais sejam:

» a aprovação das contas da administração;
» a designação e destituição dos administradores;
» o modo de sua remuneração;
» a modificação do contrato social, incorporação, fusão e a dissolução da sociedade;
» a cessação do estado de liquidação;
» a nomeação e destituição dos liquidantes e o julgamento das suas contas;
» o pedido de recuperação judicial e extrajudicial.

As deliberações dos sócios, sempre que haja consenso entre todos eles, poderão ser tomadas em documento escrito. Fora esse caso, deverão necessariamente ocorrer em reunião ou em assembleia específica, conforme previsto no contrato social, sendo que a deliberação em assembleia será obrigatória quando o número dos sócios for superior a dez.

As deliberações em assembleia, via de regra, demandam maiores formalidades no que diz respeito ao modo de convocação dos sócios e ao procedimento adotado para a tomada de decisões. A convocação dos sócios é formalidade indispensável para que não seja violado um dos principais direitos do quotista, que é o de participar das deliberações, fazendo uso da palavra se lhe convier e podendo exercer seu direito de voto. Para que sejam válidas as deliberações sociais, os sócios deverão ser convocados por meio de publicações feitas no órgão oficial e em jornal de grande circulação, a menos que todos os sócios compareçam ou se declararem, por escrito, cientes do local, data, hora e ordem do dia.

O sócio pode ser representado na assembleia por outro sócio ou por advogado quando não lhe for possível o comparecimento ou entenda que lhe seja mais conveniente para melhor defesa dos seus interesses. Nesse caso, o sócio pode especificar no mandato outorgado ao seu representante os atos autorizados.

Para a aprovação de matéria levada à deliberação dos sócios, o art. 1.076 do Código Civil estabelece os seguintes quóruns:

» três quartos do capital social, no mínimo, para modificação do contrato social, incorporação, fusão e dissolução da sociedade ou a cessação do estado de liquidação;
» maioria absoluta de votos correspondentes ao capital social para designação dos administradores em ato separado e para a destituição destes; modo de sua remuneração quando não previsto no contrato social e para autorizar pedido de recuperação judicial ou extrajudicial da empresa;
» a maioria simples, ou seja, maioria de votos dos presentes, deverá ser observada nos demais casos previstos na lei ou no contrato, caso este não tenha fixado maioria mais elevada.

É obrigatória a realização de assembleia de sócios, pelo menos uma vez por ano, nos quatro meses seguintes ao término do exercício social, para fins de tomada de contas dos administradores, deliberar sobre o balanço patrimonial e o de resultado econômico, e designar os administradores, quando for o caso. Além das matérias de competência da assembleia geral ordinária, sempre que necessário deliberação dos sócios, poderá ser convocada uma assembleia extraordinária para tratar de qualquer assunto constante da ordem do dia.

Notamos, portanto, que, se existisse total harmonia entre os sócios, o procedimento para a tomada de decisões acabaria se revelando bastante simples, mas nem sempre isso acontece e, em caso de conflito societário, haverá uma série de formalidades que deverão ser observadas.

No entanto, existe uma possibilidade de os próprios sócios afastarem o cumprimento das formalidades legais previstas para a deliberação em assembleia e tornarem o procedimento mais simples. Basta que ajustem no contrato social cláusula prevendo que as deliberações sejam tomadas em reunião dos sócios, também chamada de ***reunião dos cotistas***. Note, contudo, que de nada adianta o contrato social fazer previsão de que as deliberações serão tomadas em reunião dos cotistas se também não regulamentar o procedimento, por exemplo, simplificando-o e afastando formalidades mais onerosas previstas para as assembleias, pois se o contrato social não tratar disso, aplica-se às reuniões dos sócios o que a lei estabeleceu para tais reuniões.

Nenhum sócio, por si ou na condição de mandatário, pode votar matéria que lhe diga respeito diretamente. As deliberações tomadas de acordo com a lei e o contrato vinculam todos os sócios, ainda que não tenham participado ou tenham sido vencidos na deliberação. Devemos ressaltar que as deliberações que violem o disposto no contrato social ou a lei tornam ilimitada a responsabilidade dos que expressamente as aprovaram.

Aumento e redução do capital social

Caso os sócios entendam tal iniciativa como necessária, o capital social poderá ser aumentado, desde que este já esteja totalmente integralizado.

Havendo deliberação nesse sentido e aprovado o aumento do capital social, os sócios terão preferência para participar do aumento, na proporção das cotas das quais sejam titulares, direito que deve ser exercido no prazo de até 30 dias após a deliberação. Subscritas as novas cotas sociais, haverá reunião ou assembleia dos sócios, para que seja aprovada a correspondente modificação do contrato.

O capital social poderá ser reduzido quando ocorrerem perdas irreparáveis ou o valor for excessivo em relação ao objeto da sociedade. Nesses casos, deverá ser realizada a diminuição proporcional do valor nominal das cotas, que irá tornar-se efetiva a partir do registro da ata da assembleia que a tenha aprovado.

Dissolução

Assim como já verificamos no estudo das regras aplicáveis às sociedades simples, a sociedade limitada também se submete à disciplina do regime de dissolução societária, seja parcial ou total.

O art. 1.085 do Código Civil inovou ao trazer regra permitindo a exclusão de sócio minoritário por meio de simples alteração contratual, sem necessidade de ação judicial. Contudo, tal decisão não pode ser arbitrária, precisando essa hipótese estar prevista no contrato social, além de necessitar de motivação, traduzida no entendimento da maioria absoluta de que um deles está colocando em risco a continuidade da empresa em virtude de atos de inegável gravidade. A exclusão depende da realização de reunião ou assembleia específica para esse fim, devendo o acusado ser convocado para dela participar e, assim, garantir seu direito de defesa. De uma maneira geral, a doutrina não dispensa a existência de justa causa para a exclusão do sócio (cf., por todos, Lopes, 2002, p. 125).

Outra hipótese de dissolução parcial, prevista especialmente no capítulo próprio das sociedades limitadas, trata do exercício do direito de retirada. Quando houver modificação do contrato, fusão ou incorporação da sociedade, o sócio que não concordar com tal deliberação poderá se retirar da sociedade em até 30 dias da data da reunião.

Quanto à dissolução total da sociedade, a limitada dissolve-se pelas mesmas causas já estudadas para as sociedades simples e, sendo sociedade empresária, também pela falência.

▪ Sociedade anônima

A sociedade anônima, também chamada de *companhia*, é regida pela Lei n.º 6.404/76 – LSA. O Código Civil, em seus arts. 1.088 e 1.089, faz referência à sociedade anônima, prescrevendo que suas regras se aplicam às companhias apenas no caso de omissões da lei especial. Por conta disso, o texto a seguir teve como base e fonte de referências as normas constantes do diploma estatutário. Além disso, reafirma duas de suas características principais, que iremos analisar a seguir.

Características

A sociedade anônima é caracterizada por ter seu capital dividido em ações, que conferem ao seu titular o *status* de acionista e podem ser livremente negociadas no mercado.

Outra característica marcante da sociedade anônima é que o sócio tem responsabilidade limitada ao preço de emissão das ações que subscrever ou adquirir. Note que cada acionista responde unicamente pela sua obrigação individual, não tendo a lei previsto regra de responsabilidade solidária nesse caso.

A sociedade anônima pode ter como objeto social qualquer empresa com fim lucrativo, não contrário à lei, à ordem pública e aos bons costumes e, independentemente da forma de exploração de seu objeto, será considerada sempre uma sociedade empresária. Há autores, no entanto, que entendem que uma companhia possa ter fim não lucrativo (Corrêa Lima, 2005, p. 19). O objeto social da companhia deverá ser definido de modo preciso e completo, podendo a sociedade ter como atividade unicamente a participação em outras sociedades, seja como meio de realizar o objeto social, seja para beneficiar-se de incentivos fiscais.

A sociedade anônima usa sempre denominação, acompanhada das expressões *companhia* ou *sociedade anônima*, por extenso ou de forma abreviada, vedado o uso da designação *companhia* no fim do nome da sociedade. Não obstante, a lei permite que figure na denominação o nome do fundador, do acionista ou da pessoa que por qualquer outro modo tenha concorrido para o êxito da empresa.

Em relação ao capital social da companhia, ele poderá ser formado com contribuições em dinheiro ou em qualquer espécie de bens suscetíveis de avaliação.

Como afirmamos anteriormente, o sócio da companhia é denominado de *acionista*. Sua principal obrigação é a de realizar, nas condições previstas no estatuto ou no boletim de subscrição, a prestação correspondente às ações subscritas ou adquiridas. Os direitos essenciais do acionista são os de participar dos lucros e do acervo da companhia, em caso de liquidação, fiscalizar a gestão dos negócios sociais e retirar-se da sociedade. Devemos ressaltar, no entanto, que o direito que o acionista tem de fiscalizar e retirar-se da sociedade não é amplo, mas limitado às situações definidas na lei. Outro direito garantido ao acionista é o de preferência na subscrição de novas ações. O acionista não pode ser privado de seus direitos essenciais, nem por reforma do estatuto social nem por decisão da assembleia geral.

Outra peculiaridade nas sociedades por ações diz respeito ao acionista controlador, que não é aquele que tem o maior número de ações, como pode parecer em primeira análise. Nas sociedades anônimas, o acionista controlador é a pessoa ou grupo vinculado por acordo de votos, que seja titular de direitos de sócio que lhe assegurem, de modo permanente, a maioria dos votos nas deliberações da assembleia geral, o poder de eleger a maioria dos administradores e, ainda, que use efetivamente seu poder para dirigir as atividades sociais e orientar o funcionamento dos órgãos da companhia.

O acionista controlador é responsável pelos danos causados quando praticar atos com abuso de poder, tais como orientar a companhia para fim estranho ao objeto social, promover a liquidação de companhia próspera, eleger administrador ou fiscal que sabe ser inapto, entre outros casos previstos em lei.

Espécies

Existem duas espécies de sociedades anônimas: as abertas e as fechadas. As abertas são aquelas que possuem registro na Comissão de Valores Mobiliários (CVM) e cujos valores imobiliários podem ser negociados no mercado de valores mobiliários; já as fechadas não gozam dessa prerrogativa.

Constituição

Passamos agora à análise da forma como se dá a criação de uma sociedade anônima.

Analisando a Lei das Sociedades Anônimas, vamos perceber que o procedimento de constituição de uma sociedade por ações é dividido em três etapas: cumprimento dos requisitos preliminares, constituição propriamente dita e cumprimento das providências complementares.

Os requisitos preliminares são indispensáveis à constituição da companhia e serão cumpridos se verificado o seguinte: todas as ações forem subscritas por pelo menos duas pessoas, no mínimo 10% do preço de emissão dessas ações for integralizado em dinheiro, como entrada e, por fim, a parte do capital social integralizado em dinheiro for depositada em estabelecimento bancário, autorizado pela CVM. Dessa forma, podemos perceber que uma sociedade por ações poderá ser constituída a partir de dois sócios e que se exige um valor mínimo de capital social integralizado quando da sua constituição, que deverá ser depositado em instituição financeira autorizada, sendo que esse valor será de pelo menos 10% do preço de emissão das ações subscritas em dinheiro, ou ainda maior, caso exista alguma exigência legal para determinado tipo de empreendimento. Caberá aos fundadores da companhia a responsabilidade pelo depósito do valor legal das entradas, que só poderá ser levantado se a sociedade adquirir personalidade jurídica. Caso se frustre a constituição da companhia, o banco restituirá as quantias depositadas aos respectivos subscritores.

Cumpridos os requisitos preliminares, que são de observância obrigatória para toda e qualquer companhia, a constituição de uma sociedade anônima irá variar conforme seja escolhida a constituição por subscrição pública ou por subscrição particular, sendo que a diferença essencial entre esses dois procedimentos resulta da intenção dos fundadores da companhia. A constituição por subscrição pública envolve a criação de uma companhia aberta, já a constituição por subscrição particular é destinada à criação de uma companhia fechada.

A constituição por subscrição pública depende do prévio registro da emissão de valores mobiliários na CVM e deverá necessariamente ser efetuada por meio de uma instituição financeira. A complexidade desse tipo de constituição decorre justamente do pedido de registro de emissão, que deve obediência às normas da CVM e exige detalhado estudo de viabilidade econômica e financeira do empreendimento, de um projeto do estatuto social e da elaboração do prospecto, atos que deverão ser aprovados pela CVM. O projeto do estatuto deverá ser elaborado com todos os requisitos próprios dos contratos sociais e, ainda, com os específicos das sociedades por ações, devendo detalhar as normas pelas quais será regida a companhia. O prospecto é o documento que detalhará as bases da companhia e os motivos justificadores da expectativa de bom êxito do empreendimento. É o principal instrumento de divulgação da operação.

Após o registro de emissão, as ações da companhia poderão ser colocadas no mercado por meio de instituição financeira intermediária. Nessa fase, será necessário que todas as ações sejam subscritas, sob pena de frustrar-se a totalidade da operação.

Encerrada a subscrição e tendo sido subscrita a totalidade do capital social, os fundadores convocarão uma assembleia para deliberação final sobre a constituição da companhia. Essa assembleia será presidida por um dos fundadores e secretariada por qualquer subscritor e nela será lido o recibo de depósito das entradas em dinheiro, discutido e votado o projeto de estatuto, sendo que cada ação dará direito a um voto, independentemente de classe ou espécie.

Verificando-se que foram observadas as formalidades legais e não tendo havido oposição de subscritores que representem mais da metade do capital social, o presidente declarará constituída a companhia, procedendo-se a seguir à eleição dos administradores e fiscais. Um exemplar da ata da reunião ficará em poder da companhia e o outro deverá ser levado a registro.

Vamos agora tratar da constituição de uma companhia fechada. Ao analisarmos as normas legais que lhe são próprias, notamos que o procedimento de constituição de uma companhia fechada, que ocorre por subscrição particular, é bem mais simples, se comparado à constituição por subscrição pública.

A constituição por subscrição particular pode ser realizada de duas formas: por meio de uma assembleia geral ou por meio de escritura pública, haja vista que todos os subscritores são considerados fundadores da companhia. Ocorrendo a constituição por meio de assembleia geral, esta será realizada de forma semelhante àquela prevista para a constituição de companhia por subscrição pública, no que diz respeito à forma de convocação, instalação e tomada de deliberações em assembleia. Caso a constituição aconteça por meio de escritura pública, esta deverá descrever a qualificação completa dos subscritores, o estatuto da companhia, a relação das ações tomadas pelos subscritores e a importância das entradas pagas, o recibo de depósito das entradas realizadas em dinheiro e o laudo de avaliação dos peritos, caso parte do capital tenha sido subscrito com bens. Deverá, finalmente, indicar os administradores e fiscais, se houver, e ser assinada por todos os subscritores. Nos atos e publicações referentes à companhia em constituição, sua denominação deverá ser aditada da cláusula "em organização".

Enfim, a constituição da companhia se encerra depois de cumpridas as formalidades complementares, só podendo funcionar após o arquivamento e a publicação de seus atos constitutivos.

Valores mobiliários

Entendemos por *valores mobiliários* os títulos que a companhia emite para a obtenção de recursos almejados para o desenvolvimento de suas atividades. Vamos analisar cada um deles, deixando para tratar das ações, que também são espécies de valores mobiliários, em seção própria.

» *Partes beneficiárias*: São títulos negociáveis, sem valor nominal e estranhos ao capital social, emitidos pela companhia quando lhe for conveniente (art. 46, LSA). Conferem ao seu titular direito de crédito eventual contra a companhia, consistente na participação nos lucros. Não conferem nenhum direito de acionista ao seu titular, salvo o de fiscalizar os atos dos administradores. Podem ser emitidas somente pelas companhias fechadas, sendo vedada a emissão desses títulos pelas companhias abertas.

» *Debêntures*: São títulos emitidos pela companhia que conferem ao seu titular direito de crédito, nas condições constantes da escritura de emissão ou do certificado (art. 52, LSA). Assemelham-se a um contrato de mútuo de médio e longo prazos. A debênture poderá conter cláusula de correção monetária, assegurar juros ou participação nos lucros da companhia. Poderá ainda ser conversível em ações, conforme especificado na escritura de emissão, sendo que nesse caso o acionista terá direito de preferência na aquisição de tais títulos. A deliberação sobre emissão de debêntures é da competência da assembleia geral. Em regra, o valor das emissões não poderá exceder o valor do capital social da companhia.

» *Bônus de subscrição*: São títulos negociáveis, emitidos pela companhia, que conferem ao seu titular, nas condições constantes do certificado, direito de subscrever ações do capital social, que será exercido mediante apresentação do título à companhia e pagamento do preço de emissão das ações (art. 75, LSA). A emissão desses títulos é de competência da assembleia geral ou do conselho de administração, se previsto no estatuto. Os acionistas da companhia têm preferência para subscrever a emissão de bônus de subscrição, que terão sempre a forma nominativa.

» *Notas promissórias*: Criadas por instrução normativa da CVM, são títulos que conferem a seus titulares direito de crédito contra a companhia. O prazo de vencimento das notas promissórias, quando emitidas por companhia fechada, é de 30 dias, no mínimo, e de 180 dias, no máximo, e, quando emitidas por companhia aberta, de 30 dias, no mínimo, e 360 dias, no máximo.

Passamos agora ao estudo das ações, que se constituem no principal e mais importante valor mobiliário emitido por uma sociedade anônima. Atualmente, as ações revelam importância extraordinária, haja vista que se apresentam como alternativa de investimento à pessoa que adquire ações, devido ao crescimento e à popularização do mercado de capitais. A pessoa que investe em ações passa a titularizar direitos em relação à sociedade anônima da qual é acionista, participando dos seus resultados.

Ações

Ação é uma espécie de valor mobiliário, uma fração representativa do capital das sociedades anônimas que confere ao seu titular o *status* de sócio, atribuindo-lhe um complexo de direitos e obrigações.

O estatuto da companhia deverá fixar o número das ações em que se divide o capital social e estabelecer se as ações terão ou não valor nominal. Caso as ações tenham valor nominal, este deverá ser o mesmo para todas as ações da companhia e, se estivermos diante de uma companhia aberta, o valor nominal das ações não poderá ser inferior ao mínimo fixado pela CVM.

É vedada numa companhia a emissão de ações por preço menor que o valor nominal, sob pena de nulidade do ato ou operação e responsabilidade dos infratores. Contudo, se o valor da contribuição do subscritor da ação for maior que o valor nominal, a quantia excedente irá constituir reserva de capital. O preço de emissão das ações sem valor nominal será fixado, na constituição da companhia, pelos fundadores, e no aumento de capital, pela assembleia geral ou pelo conselho de administração.

Identificamos na lei, conforme a natureza dos direitos que elas conferem, três espécies de ações: *ordinárias, preferenciais e de fruição*. As ações ordinárias são aquelas que conferem ao seu titular os direitos de um sócio comum, normalmente não atribuindo vantagens ou restrições ao acionista. As ações preferenciais são aquelas que atribuem ao seu titular um tratamento diferenciado, conferindo-lhe vantagens em relação àqueles que detêm ações ordinárias; por conta disso, podem retirar ou restringir o direito de voto do acionista, desde que o número de ações preferenciais com essas características não ultrapasse 50% do total das ações emitidas. As vantagens conferidas ao titular das ações preferenciais são definidas no estatuto da companhia, podendo ser: prioridade na distribuição de dividendo, fixo ou mínimo, prioridade no reembolso do capital, com ou sem prêmio ou até mesmo na acumulação dessas vantagens. As ações de fruição são aquelas atribuídas ao acionista cujas ações já foram amortizadas, ou seja, são ações distribuídas ao acionista que já recebeu de volta o valor de seu investimento e, ainda, conferem direitos essenciais ao seu titular, ligados à participação na sociedade.

As ações serão sempre nominativas, não sendo admitidas atualmente ações ao portador. A propriedade das ações nominativas é presumida pela inscrição do nome do acionista no livro de registro de ações nominativas ou por extrato fornecido pela instituição custodiante, na qualidade de proprietária fiduciária das ações. Já a transferência das ações nominativas é operada por termo lavrado no livro de transferência de ações nominativas, datado e assinado pelo cedente e pelo cessionário, ou seus legítimos representantes. As ações também podem adotar a forma escritural – nesse caso, presume-se proprietário da ação aquele cujo nome consta no registro da conta de depósito, nos livros da instituição depositária. A transferência da ação escritural se dá por meio de lançamento efetuado nesses livros. O acionista pode solicitar para a instituição depositária um extrato de sua conta de ações, ao término de todo mês em que for movimentada e, ainda que não haja movimentação, anualmente.

Órgãos sociais

Podemos identificar cinco órgãos essenciais nas sociedades anônimas.

A *assembleia geral* é o principal órgão de deliberação da companhia, com poderes para decidir todos os negócios relativos ao objeto social e tomar as decisões que julgar mais convenientes ao interesse da companhia. Compete privativamente à assembleia geral, observadas as ressalvas legais:

- » reformar o estatuto;
- » eleger ou destituir os administradores e fiscais da companhia;
- » tomar as contas dos administradores e deliberar sobre as demonstrações financeiras;
- » autorizar a emissão de debêntures, suspender o exercício dos direitos do acionista;
- » deliberar sobre a avaliação de bens com que o acionista concorrer para a formação do capital social;
- » autorizar a emissão de partes beneficiárias;
- » deliberar sobre transformação, fusão, incorporação e cisão da companhia, sua dissolução e liquidação;
- » eleger e destituir liquidantes e julgar-lhes as contas;
- » autorizar os administradores a confessar falência e pedir recuperação judicial.

Existem duas espécies de assembleia geral. A assembleia geral ordinária é aquela realizada anualmente, nos quatro primeiros meses seguintes ao término do exercício social, tendo por objeto as seguintes diretrizes:

- » tomar as contas dos administradores, examinar, discutir e votar as demonstrações financeiras;
- » deliberar sobre a destinação do lucro líquido do exercício e a distribuição de dividendos;
- » eleger os administradores e os membros do conselho fiscal;
- » quando for o caso, aprovar a correção monetária do capital social.

Toda e qualquer outra deliberação social que não seja referente a essas matérias deverá ser decidida em uma assembleia geral extraordinária.

Já os órgãos com competência para a administração da companhia são dois: o conselho de administração e a diretoria. O estatuto deverá definir se a administração caberá ao conselho de administração e à diretoria ou, ainda, somente à diretoria.

O *conselho de administração* é um órgão de deliberação colegiada e de fiscalização, composto por pelo menos três membros, pessoas naturais, eleitos pela assembleia geral e por ela destituíveis a qualquer tempo. As companhias abertas e as de capital autorizado são obrigadas a ter um conselho de administração. A função desse órgão é agilizar o processo decisório dentro da companhia, possuindo competência para fixar a orientação geral dos negócios sociais, eleger e destituir os diretores e, de um modo geral, tratar de qualquer assunto de interesse da sociedade, com exceção das matérias que são de competência privativa da assembleia geral.

A *diretoria* é composta por no mínimo dois diretores, eleitos e destituíveis a qualquer tempo pelo conselho de administração ou, se inexistente, pela assembleia geral. O estatuto da sociedade anônima deverá definir o número de diretores permitidos, o modo de sua substituição, o prazo de gestão e as atribuições e poderes de cada diretor. Os membros do conselho de administração, até o máximo de um terço, poderão ser eleitos para cargos de diretores. Compete a qualquer diretor a representação da companhia e a prática dos atos necessários ao seu funcionamento regular, salvo nas situações determinadas no estatuto ou em caso de deliberação do conselho de administração.

O *conselho fiscal* é o órgão da companhia com as funções de fiscalizar os atos dos administradores. É um órgão obrigatório, mas de funcionamento facultativo, cabendo ao estatuto dispor acerca de sua rotina. Quando o conselho fiscal não for permanente, será instalado pela assembleia geral a pedido de acionistas que representem, no mínimo, um décimo das ações com direito a voto ou 5% das ações sem direito a voto, e cada período de seu funcionamento terminará na primeira assembleia geral ordinária após a sua instalação. O conselho fiscal deverá ter de 3 a 5 membros e suplentes em igual número, acionistas ou não, eleitos pela assembleia geral. Os titulares de ações preferenciais sem direito a voto, ou com voto restrito, terão direito de eleger, em votação em separado, um membro e respectivo suplente, e igual direito terão os acionistas minoritários, desde que representem em conjunto 10% ou mais das ações com direito a voto. Somente podem ser membros do conselho fiscal pessoas naturais, residentes no país, diplomadas em curso de nível universitário ou que tenham exercido por prazo mínimo de 3 anos cargo de administrador de empresa ou de conselheiro fiscal. A função de membro do conselho fiscal é indelegável.

Demonstrações financeiras

Encontramos na LSA diversas regras que deverão ser cumpridas pela companhia no que diz respeito às suas demonstrações financeiras, regras que a cada dia se aprimoram mais e encontram maior grau de detalhamento. Portanto, no trato dessa matéria, precisamos estar atentos às normas desse diploma e, em situações específicas, às normas editadas pela CVM.

As regras referentes às demonstrações financeiras das sociedades anônimas foram revisadas de forma significativa pela Lei nº 10.303, de 31 de outubro de 2001. Posteriormente, outra relevante alteração foi trazida pela Lei nº 11.638, de 28 de dezembro de 2007, cujas normas entraram em vigor em 1.º de janeiro de 2008. Posteriormente, tivemos relevantes alterações em 2008, trazidas pela Medida Provisória nº 449, de 3 de dezembro de 2008, que foi convertida na Lei nº 11.941, de 17 de junho de 2009.

Devemos deixar claro, para maior segurança dos usuários desses instrumentos normativos, que as normas anteriormente referidas se constituem em diplomas meramente alteradores, ou seja, a lei de referência é e continua sendo a LSA, que obviamente deverá trazer em seu texto as alterações previstas pela Lei nº 11.638/2007, pela recentíssima Lei n.º 11.941/2009, bem como qualquer outra que tenha modificado a atual lei que disciplina a matéria.

Uma das razões pelas quais a LSA tem sido atualizada na parte referente às demonstrações contábeis é a necessidade de sua adequação aos padrões contábeis internacionalmente aceitos, adotados nos mercados financeiros mais importantes do mundo. De fato, a globalização vem forçando a adoção de novos critérios contábeis e de novas normas de classificação de contas, com vistas a uma maior harmonização.

Feitas essas observações, passamos agora a apontar as principais novidades referentes às demonstrações financeiras das sociedades anônimas.

Analisando a lei, verificamos que a CVM passou a ter competência para a edição de normas sobre a matéria, obrigatórias para as companhias abertas e opcionais para as fechadas.

Outro fato relevante é que deixou de ser obrigatória a demonstração das origens e aplicações de recursos, substituída pela demonstração dos fluxos de caixa e, no caso das companhias abertas, também pela demonstração do valor adicionado (art. 176, IV, LSA). As demonstrações dos fluxos de caixa devem indicar pelo menos as alterações ocorridas durante o exercício, no saldo de caixa e equivalentes de caixa, segregando-se essas alterações em, no mínimo, fluxos das operações, dos financiamentos e dos investimentos (art. 188, I, LSA). Já as demonstrações do valor adicionado deverão indicar no mínimo o valor da riqueza gerada pela companhia, a sua distribuição entre os elementos que contribuíram para a geração dessa riqueza, tais como empregados, financiadores, acionistas, governo e outros, bem como a parcela da riqueza não distribuída (art. 188, I, LSA).

Destacamos ainda que as companhias fechadas com patrimônio líquido inferior a R$ 2 milhões de reais, na data do balanço, estão dispensadas da elaboração e publicação das demonstrações de fluxo de caixa (art. 176, § 6º, LSA).

Outras alterações relevantes ocorreram em relação à classificação de contas, passando a ser obrigatória a indicação, no ativo imobilizado, apenas dos direitos que tenham por objeto bens corpóreos destinados à manutenção das atividades da companhia ou da empresa ou exercidos com essa finalidade, passando a serem incluídos nessa classificação os bens decorrentes de operações que transfiram à companhia os benefícios, os riscos e o controle desses bens (art. 179, IV, LSA). Os direitos que tenham por objeto bens incorpóreos, inclusive o fundo de comércio adquirido, passaram a ter classificação própria, indicados agora em novo subgrupo, o de bens intangíveis (art. 179, VI, LSA).

Os critérios de avaliação do ativo e do passivo foram objeto de alterações, prestigiando-se especialmente os critérios do valor justo e do valor presente, em relação ao valor de mercado (art. 183 e 184, LSA).

Outra novidade que podemos observar é a possibilidade de criação, por parte da assembleia geral, com base em proposta dos órgãos de administração, da reserva de incentivos fiscais, para a qual poderá ser destinada a parcela do lucro líquido decorrente de doações ou subvenções governamentais para investimentos (art. 195-A, LSA). Essa reserva poderá ser excluída da base de cálculo do dividendo obrigatório.

Quanto ao limite do saldo das reservas de lucro, este continua não podendo ultrapassar o capital social, mas agora se excetuam não apenas as reservas para contingências de lucros a realizar, mas também para contingências de incentivos fiscais (art. 199, LSA).

Em síntese, relacionamos algumas das obrigações contábeis que deverão ser cumpridas pela sociedade anônima, ao elaborar sua escrituração, lembrando que, para a correta interpretação de tais critérios e a adequação do modo de sua elaboração, deverão ser observados os princípios e as regras consagradas pelas ciências contábeis, com fiel cumprimento da finalidade maior trazida pela lei, que é a de fornecer a maior segurança, transparência e fidelidade possível à escrituração do empresário.

Dissolução e liquidação

São causas de dissolução da companhia de pleno direito:
- » término do prazo de duração;
- » ocorrência de fato previsto no estatuto;
- » deliberação da assembleia geral;
- » existência de um único acionista, verificada em assembleia geral ordinária, se o mínimo de dois não for reconstituído até a reunião do ano seguinte, salvo caso da sociedade subsidiária integral;
- » extinção, na forma da lei, da autorização para funcionar.

Além desses casos, a companhia pode ser dissolvida por decisão judicial quando anulada a sua constituição, quando provado que não pode preencher o seu fim ou em caso de falência e por decisão de autoridade administrativa, nas estritas hipóteses prevista em lei especial.

A companhia dissolvida conserva a personalidade jurídica até a extinção, com o fim de proceder à liquidação.

A liquidação será extrajudicial nos casos em que a sociedade se dissolver de pleno direito. É a ocorrência de uma causa de dissolução prevista em lei que obriga a companhia a iniciar o procedimento de liquidação, que deve obediência às normas estabelecidas no estatuto. Caso o estatuto não disponha sobre o procedimento de liquidação, caberá à assembleia geral, nos casos de dissolução de pleno direito, determinar o modo de liquidação, bem como nomear o liquidante e o conselho fiscal.

Já a liquidação judicial tem lugar nos casos em que a sociedade se dissolver por decisão judicial e, ainda, a pedido de qualquer acionista, se os administradores ou a maioria de acionistas deixarem de promover a liquidação ou a ela se opuserem nas situações de liquidação extrajudicial, em caso de requerimento do Ministério

Público se a companhia não iniciar a liquidação ou interrompê-la nas situações previstas em lei.

A principal diferença entre os procedimentos é que na liquidação judicial deverá necessariamente ser observado o disposto na lei processual civil e o liquidante deverá ser nomeado pelo juiz. Em todos os atos ou operações, o liquidante deverá usar a denominação social seguida das palavras *em liquidação*.

Compete ao liquidante representar a companhia e praticar todos os atos necessários à liquidação, inclusive alienar bens móveis ou imóveis, transigir, receber e dar quitação. Além desses deveres de ordem geral, compete ao liquidante:

» arquivar e publicar a ata da assembleia geral, ou certidão de sentença, que tiver deliberado ou decidido a liquidação;
» arrecadar os bens, livros e documentos da companhia;
» fazer levantar de imediato, em prazo não superior ao fixado pela assembleia geral ou pelo juiz, o balanço patrimonial da companhia;
» ultimar os negócios da companhia, realizar o ativo, pagar o passivo e partilhar o remanescente entre os acionistas;
» exigir dos acionistas, quando o ativo não bastar para a solução do passivo, a integralização de suas ações;
» convocar a assembleia geral;
» confessar a falência da companhia e pedir recuperação da empresa, nos casos previstos em lei;
» submeter à assembleia geral, após terminada a liquidação, relatório dos atos e das operações da liquidação e de suas contas finais;
» arquivar e publicar a ata da assembleia geral que houver encerrado a liquidação.

Note que a companhia apenas se extingue após aprovadas as contas e encerrada a liquidação.

Síntese

» Conceito de sociedade: Contrato celebrado por duas ou mais pessoas que reciprocamente se obrigam a contribuir com bens ou serviços para o exercício de atividade econômica e partilha dos resultados.

Classificação das sociedades:

» Quanto à existência de personalidade jurídica: Personificadas e não personificadas.
» Quanto à estrutura econômica: De capital e de pessoas.
» Quanto ao regime de constituição e de dissolução: Contratuais e institucionais.
» Quanto ao objeto: Simples e empresárias.
» Quanto à responsabilidade dos sócios: Limitadas, ilimitadas e mistas.

Teoria da desconsideração da pessoa jurídica: Suspensão episódica da personalidade de uma sociedade, a fim de permitir que credores da sociedade alcancem o patrimônio particular dos sócios, em casos de abuso de direito ou fraude.

Sociedades não personificadas: Em comum e em conta de participação.

Sociedades personificadas: Simples e empresárias (em nome coletivo, em comandita simples, limitada, anônima e comandita por ações).

Exercícios resolvidos

Discorra sobre vantagens de elaborar um contrato social de limitada, contendo cláusula estabelecendo que as deliberações sociais serão tomadas por meio de reunião de cotistas, em vez de assembleia de sócios.

As normas que regulam as sociedades limitadas estabelecem que as deliberações dos sócios poderão ser tomadas em assembleia ou por meio de reunião de cotistas. Sempre que o número de sócios for superior a 10, será obrigatório que a deliberação seja tomada em assembleia. Quando o número máximo de sócios for igual a 10, a lei permite que as deliberações sejam tomadas em reunião de cotistas, desde que previsto no contrato social. No entanto, aplicam-se à reunião de cotistas as mesmas regras relativas ao procedimento de deliberação em assembleia, caso o contrato social não descreva o procedimento a ser adotado, que nesse caso é uma alternativa ao texto legal. Isso significa que de nada adianta o contrato social indicar que as deliberações sociais serão tomadas por meio de reunião de cotistas se não regulamentar a forma de tomada dessas deliberações, pois nesse caso a reunião de cotistas estará sujeita às mesmas formalidades legais previstas para a assembleia, que, se não forem observadas, importam na invalidade da deliberação social caso haja oposição de sócio. Entretanto, tais formalidades – que importam em eventual burocracia e custo para a sociedade – podem ser dispensadas caso o contrato social traga cláusulas simplificando o procedimento.

Questões para revisão

1) Diferencie sociedade de pessoas de sociedade de capitais.
2) Explique a responsabilidade do sócio pelas obrigações sociais nas sociedades de responsabilidade limitada.
3) O que são debêntures?

Para saber mais

Profissionais, pesquisadores e estudantes interessados em saber mais sobre o direito societário, especialmente sobre sociedades limitadas e anônimas, podem consultar as seguintes obras:

Livros

FAZZIO JÚNIOR, W. *Fundamentos de direito comercial.* São Paulo: Atlas, 2004.

FINKELSTEIN, M. E. R.; PROENÇA, J. M. M.; MARTINS, F. (Coord.). *Direito societário*: gestão e controle. São Paulo: Saraiva, 2008.

MARTINS, F. Comentários à Lei das Sociedades Anônimas: artigo por artigo. 4 ed. Rio de Janeiro: Forense, 2010.

Sites

BM&FBOVESPA. *Mercado de ações*: conceitos fundamentais. Disponível em: <http://www.bmfbovespa.com.br/pt-br/educacional/cursos/curso-basico/curso-basico.aspx?idioma=pt-br>. Acesso em: 22 set. 2010.

III

Operações societárias

Conteúdos do capítulo

» As formas, previstas em lei, para a reestruturação jurídica do empresário

Após o estudo deste capítulo, você será capaz de:

» identificar as hipóteses legais de mutação na estrutura ou no tipo da sociedade;
» compreender os mecanismos de transformação do registro de um empresário individual numa sociedade empresária;
» compreender os mecanismos de transformação do registro de uma sociedade empresária para a forma de empresário individual;
» identificar o significado teórico e o alcance prático das quatro principais operações societárias: transformação, fusão, cisão e incorporação.

São quatro os principais movimentos societários na reorganização da estrutura de negócios do empresário: transformação, fusão, cisão e incorporação. Iremos analisar, a partir de agora, cada uma dessas operações.

3.1 Função e importância da reestruturação jurídica do empresário

Durante o desenvolvimento de uma empresa, as pessoas responsáveis pela sua exploração se deparam diversas vezes com situações nas quais precisam tomar decisões importantes em relação à continuidade ou não de seus negócios. Essas decisões podem ser relativas tanto à sua saída do mercado como também a uma readequação em sua estrutura de negócios, devido a razões das mais variadas, tais como:

» manutenção de sua competitividade;
» crescimento em escala;
» planejamento tributário;
» redução da estrutura de gestão;
» parcerias etc.

Imagine que você seja um empresário individual e, temendo por eventual responsabilização de seu patrimônio por dívidas inerentes à empresa – afinal todo negócio possui algum tipo de risco –, deseje constituir uma sociedade limitada. Então, uma de suas alternativas será encontrar uma pessoa que aceite ser seu sócio para a constituição dessa sociedade e adotar as medidas adequadas para transferir os recursos até então conquistados para essa nova entidade, utilizando os bens da empresa como capital na integralização de cotas da nova sociedade, por exemplo.

Por outro lado, imagine que você, na qualidade de sócio de uma limitada, desentende-se severamente com os demais sócios e ainda assim ambos desejam continuar investindo na exploração da mesma atividade. Uma opção para o caso seria a divisão da sociedade em duas.

Ou, ainda, imagine que você seja sócio de uma empresa pujante, com alta lucratividade, mas que no decorrer de sua trajetória se veja ameaçado por concorrentes muito mais fortes economicamente e com capital para oferecer no mercado produtos de melhor qualidade e com preços mais competitivos. Nesse caso, você terá uma decisão muito difícil: investir mais na sociedade para superar seu concorrente, aliar-se a ele ou retirar-se do mercado.

Nos exemplos anteriormente citados, como em muitos outros que podemos imaginar como possíveis, na trajetória do empresário poderá surgir a necessidade de alterações na estrutura utilizada para o desenvolvimento da empresa. E, para todas essas mudanças, o ordenamento jurídico prevê alternativas de conduta e regulamenta os procedimentos cabíveis para adequação do empresário ao novo modelo de negócios, manifestando a genérica suscetibilidade de o ente societário sofrer modificações (Correia, 2005, p. 279).

Antes de iniciarmos, vale a pena ressaltar que tecnicamente não é correto falarmos em *compra e venda de empresas*, como comumente ouvimos na linguagem coloquial. Empresa, por se tratar de uma atividade, não pode ser objeto de compra e venda, mas de transferência ou sucessão. Assim, nesses casos o negócio realizado pode envolver a compra e venda de um estabelecimento, a alienação da participação societária ou a incorporação, todos negócios jurídicos distintos.

Dentro desse tema, vamos estudar operações jurídicas envolvendo sociedades empresárias, no capítulo do direito também conhecido como **reestruturação, movimentação** ou **reorganização societária**, especificamente a transformação, fusão, cisão e incorporação de empresas.

3.2 Legislação aplicável

Até o advento do Código Civil de 2002 (Lei nº 10.406/2002), essas operações eram disciplinadas pela Lei nº 6.404/1976 (LSA), que funcionava como uma espécie de norma geral que regulava a matéria. Como o Código Civil passou também a tratar desse tema, é necessária uma interpretação mais cuidadosa acerca da aplicação de tais normas. Caso a operação envolva sociedade anônima e outro tipo societário, cada qual deverá seguir as normas específicas que lhe sejam próprias, respectivamente a LSA para as companhias e o Código Civil em se tratando de sociedade contratual. Já no caso de cisão, como esta acabou não sendo regulada no Código Civil, aplicam-se as regras previstas na LSA a quaisquer sociedades que participem desse processo (Gonçalves Neto, 2008, p. 224).

Note que o fundamento legal das lições seguintes encontram-se, em grande parte, nas normas jurídicas trazidas pela legislação anteriormente indicada.

3.3 Transformação societária

A transformação é o procedimento adequado para que uma sociedade mude, independentemente de dissolução e liquidação, de um tipo societário para outro. Como exemplo, podemos citar a transformação de uma sociedade em nome coletivo para uma sociedade limitada. Nesse caso, podemos imaginar que o motivo determinante para a transformação seja o interesse dos sócios em contar com o benefício da limitação de responsabilidade dos sócios, que não existe para a sociedade em nome coletivo. Por meio dessa operação, a sociedade não precisa ser extinta para a constituição de uma nova e a operação de alteração na sua estrutura pode aproveitar a entidade já constituída. Na transformação, a operação deverá observar as normas jurídicas que regulam a constituição e o registro do tipo a ser adotado pela sociedade; no nosso exemplo, aplicam-se ao procedimento as regras da sociedade limitada, previstas no Código Civil.

Para que seja possível a transformação, é necessário o consentimento de todos os sócios, salvo se a matéria já estiver regulada no contrato social ou no estatuto, caso em que eventuais sócios dissidentes terão o direito de se retirar da sociedade. Notamos nesse particular que, se houver planejamento social já prevendo uma transformação futura, a elaboração do contrato social com uma cláusula autorizando a transformação atua preventivamente na resolução de conflitos de interesses entre os sócios.

Ocorrendo a transformação, os credores da sociedade continuarão com as mesmas garantias que possuíam antes da operação, ou seja, a operação não prejudica o direito dos credores; eis que a sociedade empresária que se transformou continua sendo a mesma pessoa jurídica, com os mesmos direitos e as mesmas obrigações que possuía ao tempo da alteração. No nosso exemplo, ao transformar uma sociedade em nome coletivo em sociedade limitada, os sócios continuarão a responder de forma ilimitada pelas obrigações existentes até o tempo da transformação, ao passo que as dívidas contraídas após a operação ficarão sujeitas ao regime de limitação da responsabilidade dos sócios pelas obrigações sociais, adotado pelo novo modelo.

Devemos ressaltar, todavia, que desde o final de 2008 a transformação não se limita apenas à alteração no tipo da sociedade, mas essa operação também pode ser utilizada pelo empresário individual que venha a admitir novos sócios e queira alterar seu registro para o de sociedade empresária. A recíproca também é verdadeira: se por alguma razão determinada sociedade já constituída reduzir-se a um único sócio, e este não tiver interesse na liquidação da sociedade nem conseguir outro sócio para compor o quadro social, ele poderá transformar-se em empresário individual mediante requerimento à junta comercial.

Com a transformação, evita-se que o registro do empresário seja cancelado para posteriormente ser solicitado novo registro.

Exercícios resolvidos

Uma sociedade que era composta por três sócios acabou se tornando uma sociedade unipessoal, devido ao fato de que um dos sócios faleceu e o outro resolveu retirar-se da sociedade. A sociedade pode continuar existindo com apenas um sócio? Quais alternativas, no que diz respeito à estrutura jurídica da sociedade, poderão ser adotadas pelo sócio remanescente?

A regra geral é que sociedade exige pluralidade de sócios. A unipessoalidade é permitida apenas temporariamente, pelo prazo de 180 dias, que é o tempo que o sócio remanescente tem para encontrar outra pessoa para compor o quadro social. Esgotado esse prazo sem que seja recomposta a pluralidade de sócios, a sociedade deverá ser dissolvida. Outra alternativa que tem o sócio remanescente é realizar um procedimento de transformação societária, pois atualmente a lei permite a alteração do registro da sociedade empresária para o registro de empresário individual, sem que isso importe na extinção do titular primitivo e na necessidade de novo registro.

3.4 Incorporação

A incorporação é a operação pela qual uma ou mais sociedades são absorvidas por outra, que lhes sucede em todos os direitos e todas as obrigações (art. 227, LSA; art. 1.116, Código Civil).

Veja que nessa operação não há a criação de uma nova sociedade. A sociedade incorporadora continua existindo após a conclusão do processo e absorve as sociedades incorporadas, que são extintas.

A incorporação pode envolver sociedades de tipos iguais ou diferentes e a operação deverá ser aprovada por deliberação competente, por parte das entidades envolvidas, na forma prevista para a alteração dos seus respectivos atos constitutivos. Para a realização da incorporação, as sociedades interessadas deverão elaborar um protocolo, que deverá indicar todas as condições relevantes às quais estiver sujeita a operação e, especialmente, as bases da operação e o projeto de reforma do ato constitutivo da sociedade. A aprovação depende de prévia justificação em assembleia, em que deverão ser demonstradas as razões e o interesse da sociedade na operação, a nova composição societária e o valor de reembolso aos sócios dissidentes. Envolvendo companhia aberta, deverão ser observadas ainda as regras especiais da Comissão de Valores Mobiliários (CVM).

No que tange a eventuais credores da sociedade incorporada, já que ela é extinta com a operação, como a incorporadora sucede a incorporada em todos os direitos e todas as obrigações, qualquer credor da pessoa jurídica extinta deverá exercer o seu direito de crédito contra a sociedade incorporadora e, mesmo assim, caso se sinta prejudicado, a lei fixa um determinado prazo para ele pleitear judicialmente a anulação da operação.

A etapa final da operação é o competente arquivamento e a publicação dos atos da incorporação, sendo que a certidão da junta comercial atestando o ato é o documento hábil para a averbação nos registros públicos correlatos da sucessão decorrente da operação em bens, direitos e obrigações.

3.5 Fusão

A fusão é a operação pela qual se unem duas ou mais sociedades para formar sociedade nova, que lhes sucederá em todos os direitos e todas as obrigações (art. 228, LSA). Na fusão propriamente dita, deverão ser realizados laudos de avaliação dos patrimônios de cada sociedade envolvida, que serão apresentados numa assembleia geral para o conhecimento e aprovação de todos os sócios. Tão logo seja constituída a nova companhia, caberá aos primeiros administradores promover o arquivamento e a publicação dos atos da fusão.

Note que as sociedades participantes da operação desaparecem e acontece a criação de uma nova sociedade. Este é justamente um dos grandes obstáculos para a efetivação na prática de uma clássica fusão de empresas, pois, após concluída a operação, a sociedade que surge deverá regularizar-se perante os órgão públicos (Receita Federal, INSS, prefeitura municipal, entre outros) como se fosse uma sociedade recém-constituída, o que exige determinado lapso de tempo.

Por essas razões, o que vemos na prática é que, quando duas ou mais sociedades decidem unir-se numa única, a operação é feita de forma indireta, por meio da criação de uma sociedade controladora (*holding*), cujo capital social é integralizado com as ações das sociedades envolvidas na operação. Dessa forma, a vantagem que podemos perceber é justamente evitar-se a extinção das sociedades participantes, que continuam funcionando normalmente no mercado, agora sob o controle da *holding*.

3.6 Cisão

Entendemos por *cisão* a operação pela qual a sociedade transfere parte de seu patrimônio para uma ou mais sociedades, constituídas para esse fim ou já existentes.

A lei regulamenta duas espécies de cisão: a *total* e a *parcial*. Na cisão total, ocorre a transferência de todo o patrimônio da sociedade cindida para as demais sociedades participantes do processo e, justamente por esse motivo, a sociedade cindida deixa de existir. Na cisão parcial, ocorre apenas transferência de parte do patrimônio da cindida para as demais sociedades participantes, dividindo-se o seu capital.

No caso de cisão na qual participam sociedades já existentes, o procedimento todo é regulado pelas normas da incorporação, até porque nesse caso podemos perceber que, sob o ponto de vista da sociedade que recebe patrimônio da cindida, é como se esta fosse uma sociedade incorporadora. Isso se justifica pelo fato de que a cisão abrange inúmeras possibilidades, aproximando-se em alguns casos de outras operações semelhantes.

Uma particularidade muito importante que devemos notar na cisão é que a sociedade que irá receber patrimônio da cindida estará obrigada a realizar um aumento de capital, de acordo com o patrimônio recebido e, em troca, irá disponibilizar a quem de direito novas ações ou cotas sociais. Essa operação não se confunde com uma compra e venda.

Na cisão com versão de parcela do patrimônio em sociedade nova, a operação dependerá de deliberação precedida de justificação específica e, caso aprovada, deverão ser nomeados os peritos que avaliarão a parcela do patrimônio a ser transferida. Nessa mesma deliberação, será decidida a constituição da nova companhia.

Na cisão com extinção total, caberá aos administradores das sociedades que tiverem absorvido parcelas do seu patrimônio promover o arquivamento e publicação dos atos da operação. Na cisão parcial, essa obrigação ficará a cargo dos administradores da companhia cindida e da que absorver parcela do seu patrimônio.

Síntese

» Transformação: Alteração do tipo societário que permite que uma sociedade mude seu registro para empresário individual e vice-versa.
» Incorporação: Ocorre a extinção da incorporada, que é sucedida pela incorporadora.
» Fusão: Criação de nova sociedade, acarretando a extinção das sociedades envolvidas na operação.
» Cisão: Pode ser total, com extinção da cindida ou parcial, quando a cindida continua existindo.

Questões para revisão

1) Quais as espécies de cisão previstas no ordenamento jurídico ?
2) Explique o procedimento de incorporação societária.

3) Na fusão ocorre a extinção das sociedades envolvidas? Existe alguma hipótese que permita a reunião de duas ou mais empresas sem que haja necessidade de extinção de alguma delas?

Para saber mais

Profissionais, pesquisadores e estudantes interessados em saber mais sobre operações societárias, podem consultar as seguintes obras:

BERTOLDI, M. M.; RIBEIRO, M. C. P. *Curso avançado de direito comercial.* São Paulo: RT, 2009.

COELHO, F. U. *Curso de direito comercial.* São Paulo: Saraiva, 2007. v. 2.

ROVAI, A. L.; MURRAY NETO, A. (Coord.). *As sociedades por ações.* Rio de Janeiro: Elsevier, 2010.

IV

Breves notas sobre a Lei de Recuperação Judicial e Extrajudicial e Falências

Conteúdos do capítulo

» As providências e particularidades da Lei de Recuperação Judicial e Extrajudicial e Falências (Lei nº 11.101, de 9 de fevereiro de 2005)
» As especificidades das recuperações judicial e extrajudicial
» Providências legais e inovações da Lei de Recuperação Judicial e Extrajudicial e Falências
» Procedimentos da falência

Após o estudo deste capítulo, você será capaz de:

» ter plena consciência da complexidade da nova Lei de Recuperação Judicial e Extrajudicial e Falências, com todas as suas providências e inovações.

A Lei nº 11.101, de 9 de fevereiro de 2005, em vigor desde 10 de junho de 2005, trouxe alterações significativas à anterior legislação falimentar (Decreto-Lei nº 7.661, de 21 de junho de 1945).

A nova legislação denominada nos meios jurídicos de *Lei de Recuperação Judicial e Extrajudicial e Falências* representa uma postura própria de seu tempo, evidenciando clara atenção com a questão social derivada da atividade empresarial. Nesse sentido, procura manter a fonte produtora de riquezas e consequentemente o emprego, sem, entretanto, atentar contra o interesse dos credores da empresa submetida ao regime disciplinar da lei.

A lei referida anteriormente se funda nos princípios da preservação da empresa, da função social da propriedade e do estímulo à atividade econômica, todos constitucionalmente previstos nos arts. 3º e 170 da Constituição Federal de 1988.

A Lei nº 11.101/2005 contempla dimensões diferentes que emergem conforme o caso concreto: recuperação extrajudicial, recuperação judicial e falência.

Tanto o empresário (firma individual) quanto a sociedade empresária (firma social) estão sujeitos à Lei nº 11.101/2005. Às pessoas naturais (pessoas físicas), às sociedades simples como cooperativas, às associações e às fundações aplica-se o procedimento da insolvência civil regulado pelos arts. 748 a 786-A do Código de Processo Civil (Lei nº 5.869*, de 11 de janeiro de 1973). Igualmente estão excluídas da aplicação dessa lei as empresas públicas, as sociedades de economia mista, as instituições financeiras e equiparadas, o consórcio de bens de consumo, as seguradoras, as empresas de previdência privada

---

* Caso você queira inteirar-se das providências do Código de Processo Civil em relação à insolvência das pessoas físicas e das entidades anteriormente citadas, acesse o seguinte *link*: <http://www.planalto.gov.br/ccivil/leis/L5869.htm>.

e capitalização e as empresas de planos de saúde, pelo fato de cada uma dessas entidades se submeter a leis específicas que regulam sua situação jurídica de insolvência.

No âmbito dessa lei, como já dito, encontra-se o intento de "recuperação de empresa" que pode ter em caráter judicial ou extrajudicial. Vejamos de maneira sintética as características de cada um delas.

4.1 Recuperação extrajudicial

A legislação ofertou a possibilidade ao empresário ou à sociedade empresária em dificuldades extremas de apresentar um plano de recuperação extrajudicial. Para tanto, o devedor precisa da concordância de credores que representem mais de três quintos dos créditos por espécie, que assinarão juntamente com o empresário ou a sociedade empresária um plano de recuperação da empresa.

Em essência, o plano apresentará uma proposta plausível e realizável de cumprimento de obrigações como forma de auxiliar a empresa ou o empresário, se firma individual, a evitar a falência.

Cumpridos os requisitos de lei, o plano será levado ao Poder Judiciário, por meio de petição, que assim irá homologá-lo. Homologado e publicado em edital, esse documento só pode ser alterado mediante expressa concordância dos credores ou por determinação do juízo devidamente justificada.

Porém, o plano homologado não atinge os credores que não estão sujeitos ao plano. Eles poderão inclusive pedir a falência da empresa, o que não significa que esta venha a ser deferida. Contudo, obviamente tal medida não parece inteligente, uma vez que a recuperação extrajudicial já é uma medida que sinaliza a tentativa de recuperação da empresa e a homologação do plano é um indicativo de que as medidas são realizáveis.

4.2 Recuperação judicial

A recuperação judicial é uma espécie de procedimento que pode ser proposto pelo empresário (firma individual) ou pela sociedade empresária (firma social) em dificuldades, devendo estes preencher os seguintes requisitos:

- » comprovar sua condição de empresário superior há dois anos;
- » não estar na condição jurídica de falido nos termos da lei anterior;
- » não ter obtido concessão de recuperação judicial nos últimos cinco anos;
- » não ter obtido concessão de recuperação judicial nos últimos oito anos e não ter sido condenado ou não ter, como administrador ou sócio-controlador, pessoa condenada por qualquer dos crimes previstos na Lei Falimentar.

Preenchidas essas exigências, o empresário ou a sociedade empresária proporá diretamente ao Poder Judiciário um pedido de recuperação, que, nos termos do art. 51 da Lei nº 11.101/2005, conterá:

- » a situação patrimonial do devedor com as razões de sua situação;
- » a situação contábil/financeira e balanço patrimonial dos últimos três anos levantados nos rigores da legislação societária, especialmente para o fim de pedir recuperação judicial;
- » um quadro de credores contendo informações detalhadas do tipo de dívida, quanto é devido etc.;
- » relação detalhada e individualizada de empregados descrevendo salários, encargos etc.;

- » certidões do Registro Público de Empresas, cartório de protestos etc.;
- » relação de bens particulares dos sócios controladores e dos administradores;
- » extratos atualizados de todas as contas bancárias da empresa;
- » relação de ações judiciais detalhadas, devidamente assinada pelo empresário ou pelos representantes da sociedade empresária.

Cumprindo o pedido formulado e todas as exigências demonstradas anteriormente, o juiz deferirá o processamento da recuperação judicial e, desde já:

- » nomeará o administrador judicial (preferencialmente advogado, administrador, economista ou contador);
- » determinará a suspensão das ações judiciais que correm contra o devedor por prazo de 180 dias;
- » determinará a dispensa de apresentação de certidões negativas para manutenção das atividades da empresa requerente, exceto para contratar com entes políticos (União, estados, Distrito Federal, municípios);
- » determinará a prestação mensal de contas ao empresário ou sociedade empresária requerente;
- » mandará intimar o Ministério Público e noticiar as Fazendas Públicas;
- » solicitará a publicação de todos esses dados em edital.

Deferida a recuperação judicial, o empresário requerente apresentará o plano de recuperação em até 60 dias, especificando como pretende cumprir o plano, demonstrar sua viabilidade econômica e laudos do ativo.

4.3 Falência

Esse momento é o derradeiro, ou seja, é instaurado quando não há mais possibilidade de recuperação judicial ou extrajudicial, compreendendo um processo de execução coletiva de bens, com arrecadação e venda forçada dos bens do empresário devedor, agora falido. Após a realização das vendas começa o pagamento proporcional dos credores que possuam créditos com o falido mediante uma ordem definida em lei.

■ Ordem legal de credores

Esta é a ordem legal dos créditos por preferência em caso de decretação da falência:

a) créditos referentes aos salários em atraso dos últimos três meses que antecedam à decretação limitados a cinco salários mínimos por empregado;

b) débitos extraconcursais (que não fazem parte do concurso de credores) e dívidas da própria massa falida (manutenção, administrador, advogados etc.);

c) créditos de natureza trabalhista limitados a 150 salários mínimos e créditos decorrentes de acidente de trabalho;

d) créditos garantidos por garantias reais (hipoteca, penhor etc.);

e) créditos tributários;

f) créditos denominados de *privilégio especial*: os definidos em leis específicas, os definidos no art. 964 do Código Civil e aqueles que detêm direito de retenção sobre bem entregue como garantia;

g) créditos denominados de *privilégios gerais*, tais como: os definidos em leis específicas, os definidos no art. 965 do Código Civil e os decorrentes de obrigações contraídas pelo devedor durante a recuperação judicial, inclusive aqueles relativos a despesas com fornecedores de bens ou serviços e contratos de mútuo;

h) os créditos quirografários (nos quais se enquadram, entre outros, o crédito das instituições financeiras além do valor da garantia real, os créditos trabalhistas para o saldo que extrapolou os 150 salários mínimos, bem como cheques, duplicatas, notas promissórias etc.);

i) penas pecuniárias em geral/multas;

j) demais créditos não listados anteriormente.

Alienação de bens antecipada

Para minimizar efeitos danosos possíveis decorrentes da demora e burocracia dos processos judiciais em geral, a Lei nº 11.101/2005 inovou permitindo ao Poder Judiciário, em casos de necessidade e para preservar o interesse dos envolvidos (falido e credores), a venda antecipada de bens.

Todavia, isso não é regra geral e se aplica basicamente a casos em que a demora natural do processo de falência possa depreciar ou danificar o patrimônio, como máquinas e equipamentos que, com o passar do tempo, vão tornando-se obsoletos, ultrapassados, perdendo significativamente seu valor mesmo estando em excelentes condições de conservação.

4.4 Institutos e figuras relevantes na nova lei

A Lei nº 11.101/2005 prevê a *assembleia geral de credores*, imputando-lhe a responsabilidade de deliberar acerca da continuidade dos negócios do falido na recuperação judicial e na falência e sobre a satisfação dos créditos aos envolvidos de forma mais benéfica. Essa assembleia é composta pelos credores titulares de créditos trabalhistas ou decorrentes de acidente do trabalho, pelos credores com garantia real e pelos titulares de créditos quirografários, com privilégio especial, com privilégio geral ou subordinados.

Nesse contexto, surge a figura do *administrador judicial*, que pode ser pessoa natural ou jurídica, nomeado pelo juízo da recuperação ou falência, e que tem o principal dever de reportar a este o andamento da falência ou recuperação; podemos afirmar, portanto, que é um fiscal do juízo. Não é o administrador da empresa em recuperação ou falência, mas acompanha os atos dos gestores/administradores que realizam e operam a empresa em sua atividade. Pode ser substituído mediante decisão fundamentada do juízo, por solicitação de interessados ou do Ministério Público.

O *Ministério Público*, representado em instância inicial pelo promotor de justiça, deverá acompanhar e fiscalizar a aplicação da nova Lei Falimentar nos procedimentos de recuperação e falimentar, agindo como ***custos legis***.

O *gestor judicial*, nomeado pelo juízo por indicação da assembleia de credores, administrará a empresa quando seus próprios administradores forem afastados. Difere do administrador judicial pelo fato de o exercício em si da atividade empresarial lhe competir, enquanto o administrador se revela um fiscal de seus atos a reportar ao juízo.

Síntese

- » Lei de Recuperação Judicial e Extrajudicial e Falências: Lei que humaniza o processo de falência, dando a oportunidade a empresas de se recuperarem em casos de insolvência ocasionada por crises das mais variadas ordens. A recuperação pode ser judicial ou extrajudicial.
    - » Recuperação extrajudicial: Plano contingencial apresentado aos credores da empresa insolvente, que será homologado pelo Poder Judiciário.
    - » Recuperação judicial: Pedido de recuperação solicitado diretamente ao Poder Judiciário.
- » Falência: Momento no qual se constata a inevitabilidade da execução dos bens de dada empresa.
- » Inovações da Lei de Recuperação Judicial e Extrajudicial e Falências:
    - » Assembleia geral de credores: Grupo que tem por função deliberar sobre a recuperção judicial ou a falência de dada empresa; neste último caso, analisa-se a forma mais correta de se distribuir os créditos da empresa às pessoas competentes.
    - » Administrador judicial: Relator do processo de recuperação ou falência.
    - » Ministério Público: Órgão que deve atuar como fiscal do processo de recuperação ou falência.
    - » Gestor judicial: Administrador da empresa no decorrer do período de recuperação ou falência da empresa.

Para saber mais

Profissionais, pesquisadores e estudantes interessados em saber mais sobre a Lei de Recuperação Judicial e Extrajudicial e Falências podem consultar as seguintes obras:

ALMEIDA, M. E. M. *Nova Lei de Falências e Recuperação de empresas*. São Paulo: Quartier Latin, 2005.

MAMEDE, G. *Manual de direito empresarial*. 2. ed. São Paulo: Atlas, 2007.

PAIVA, L. F. V. *Direito falimentar e a nova Lei de Falências e Recuperação de Empresas*. São Paulo: Quartier Latin, 2005.

O objetivo deste livro, dirigido ao profissional de contabilidade, foi o de constituir-se em uma ferramenta hábil para estudo e a compreensão dos institutos que compõem a teoria geral da empresa e do direito societário, permitindo ao leitor uma compreensão técnica das normas que regulam os fatos sociais ligados ao exercício de atividades econômicas organizadas. Dentro desse mesmo contexto, esta obra trouxe, em sua parte final, breves notas sobre a Lei de Recuperação Judicial e Extrajudicial e Falências (Lei nº 11.101, de 9 de fevereiro de 2005).

Esta obra orientou-se pelo rigor técnico legal e pela busca de elevado grau de atualidade dos temas abordados, num recorte conciso e objetivo, mas sempre levando em conta as posições doutrinárias e jurisprudenciais dominantes no trato da matéria. O texto foi também enriquecido com questões práticas a respeito de cada tema.

Neste texto, procuramos munir o leitor de fundamentos suficientes para a compreensão geral do regime jurídico ao qual está submetido o empresário e, também, para uma análise crítica das ferramentas oferecidas pelo direito, para as mais diversas estruturas de negócio.

Considerações finais

Referências

ABRÃO, N. *Sociedades limitadas*. São Paulo: Saraiva, 2005.

AMARAL, F. *Direito civil*: introdução. Rio de Janeiro: Renovar, 2006.

ASCENSÃO, J. de O. *Direito comercial*. Lisboa: Faculdade de Direito de Lisboa, 1999.

BERTOLDI, M. M.; RIBEIRO, M. C. P. *Curso avançado de direito comercial*. São Paulo: RT, 2009.

BRASIL. Constituição (1988). *Diário Oficial da União*, Brasília, DF, 5 out. 1988. Disponível em: <http://www.planalto.gov.br/ccivil_03/constituicao/constitui%C3%A7ao.htm>. Acesso em: 4 mar. 2011.

_____. Decreto n. 3.708, de 10 de janeiro de 1919. *Diário Oficial da União*, Poder Executivo, Brasília, DF, 15 jan. 1919. Disponível em: <http://www.planalto.gov.br/ccivil_03/decreto/Historicos/DPL/DPL3708.htm>. Acesso em: 7 abr. 2011.

_____. Decreto-Lei n. 7.661, de 21 de junho de 1945. *Diário Oficial da União*, Brasília, DF, 31 jul. 1945. Disponível em: <http://www.planalto.gov.br/ccivil/Decreto-Lei/Del7661.htm>. Acesso em: 4 mar. 2011.

_____. Lei n. 556, de 25 de junho de 1850. *Diário Oficial*, Poder Legislativo, Rio de Janeiro, RJ, 31 dez. 1850. Disponível em: <http://www6.senado.gov.br/legislacao/ListaPublicacoes.action?id=229535&tipoDocumento=LEI&tipoTexto=PUB>. Acesso em: 14 abr. 2011.

BRASIL. Lei n. 5.764, de 16 de dezembro de 1971. *Diário Oficial da União*, DF, 16 dez. 1971. Disponível em: <http://www.planalto.gov.

_____. br/ccivil_03/Leis/L5764.htm>. Acesso em: 22 set. 2010.

_____. Lei 5.869, de 11 de janeiro de 1973. *Diário Oficial da União*, Brasília, DF, 17 jan. 1973. Disponível em: <http://www.planalto.gov.br/ccivil/leis/L5869.htm>. Acesso em: 4 mar. 2011d.

_____. Lei n. 6.404, de 15 de dezembro de 1976. *Diário Oficial da União*, Brasília, DF, 17 dez. 1976. Disponível em: <http://www.planalto.gov.br/ccivil_03/Leis/L6404consol.htm>. Acesso em: 2 ago. 2010.

_____. Lei n. 8.078, de 11 de setembro de 1990. *Diário Oficial da União*, Brasília, DF, 12 set. 1990. Disponível em: <http://www.planalto.gov.br/ccivil_03/Leis/L8078.htm>. Acesso em: 2 mar. 2011.

_____. Lei n. 8.934, de 18 de novembro de 1994. *Diário Oficial da União*, Brasília, DF, 21 dez. 1994. Disponível em: <http://www.planalto.gov.br/ccivil_03/Leis/L8934.htm>. Acesso em: 8 fev. 2011.

_____. Lei n. 10.303, de 31 de outubro de 2001. *Diário Oficial da União*, Brasília, DF, 1º nov. 2001. Disponível em: <http://www.planalto.gov.br/ccivil_03/Leis/LEIS_2001/L10303.htm>. Acesso em: 3 mar. 2011.

_____. Lei n. 10.406, de 10 de janeiro de 2002. *Diário Oficial da União*, Brasília, DF, 11 jan. 2002. Disponível em: <http://www.planalto.gov.br/ccivil_03/LEIS/2002/L10406.htm>. Acesso em: 24 ago. 2010.

_____. Lei n. 11.101, de 9 de fevereiro de 2005. *Diário Oficial da União*, Brasília, DF, 9 fev. 2005. Disponível em: <http://www.planalto.gov.br/ccivil_/ato2004-2006/2005/lei/L11101.htm>. Acesso em: 22 set. 2010.

_____. Lei n. 11.638, de 28 de dezembro de 2007. *Diário Oficial da União*, DF, 28 dez. 2007. Disponível em: <http://www.planalto.gov.br/ccivil_03/_ato2007-2010/2007/lei/l11638.htm>. Acesso em: 3 mar. 2011.

BRASIL. Lei n. 11.941, de 27 de maio de 2009. *Diário Oficial da União*, DF, Poder Legislativo, 28 maio. 2009. Disponível em:

<http://www.planalto.gov.br/ccivil_03/_Ato2007-2010/2009/Lei/L11941.htm>. Acesso em: 7 abr. 2011.

_____. Lei Complementar n. 123, de 14 de dezembro de 2006. *Diário Oficial da União*, DF, Poder Legislativo, 15 dez. 2006. Disponível em: <http://www.planalto.gov.br/ccivil_03/Leis/LCP/Lcp123.htm>. Acesso em: 7 abr. 2011.

_____. Medida Provisória n. 449, de 3 de dezembro de 2008. *Diário Oficial da União*, 12 dez. 2008a. Disponível em: <http://www.planalto.gov.br/ccivil_03/_ato2007-2010/2007/lei/l11638.htm>. Acesso em: 3 mar. 2011.

BRASIL. Ministério do Desenvolvimento, Indústria e Comércio Exterior. Secretaria de Comércio e Serviços. Departamento Nacional de Registro do Comércio. Instrução Normativa n. 109, de 28 de outubro de 2008b. *Diário Oficial da União*, Brasília, DF, 5 nov. 2008. Disponível em: <http://www.dnrc.gov.br/legislacao/in109_08.pdf>. Acesso em: 3 mar. 2011.

CARVALHO DE MENDONÇA, J. X. *Tratado de direito comercial brasileiro*. Rio de Janeiro: F. Bastos, 1957. v. 1.

CARVALHOSA, M. de S. B. *Comentários à Lei de Sociedades Anônimas*. São Paulo: Saraiva, 2007. v. 3.

COELHO, F. U. *Curso de direito comercial*. São Paulo: Saraiva, 2007a. v. 1.

_____. *Curso de direito comercial*. São Paulo: Saraiva, 2007b. v. 2.

_____. *Manual de direito comercial*. São Paulo: Saraiva, 2002.

CORRÊA LIMA, O. B. *Sociedade anônima*. Belo Horizonte: Del Rey, 2005.

CORREIA, M. P. *Direito comercial*. Lisboa: Ediforum, 2005.

DINIZ, M. H. *Curso de direito civil brasileiro*. São Paulo: Saraiva, 2008. v. 8.

FERRER CORREIA, A. de A. *Lições de direito comercial*. Lisboa: LEX, 1994.

GONÇALVES NETO, A. de A. *Direito de empresa*. São Paulo: RT, 2008.

GUSMÃO, M. *Lições de direito empresarial*. Rio de Janeiro: Lumen Juris, 2009.

LOPES, I. *Empresa e exclusão de sócio.* Curitiba: Juruá, 2002.

MAMEDE, G. *Direito empresarial brasileiro.* São Paulo: Atlas, 2004. v. 2.

MARTINS, F. *Curso de direito comercial.* Rio de Janeiro: Forense, 2001.

NEGRÃO, R. *Direito empresarial.* São Paulo: Saraiva, 2008.

REQUIÃO, R. *Curso de direito comercial.* São Paulo: Saraiva, 2003a. v. 1.

_____. *Curso de direito comercial.* São Paulo: Saraiva, 2003b. v. 2.

ROCCO, A. *Princípios de direito comercial.* Tradução de Cabral de Moncada. Coimbra: Arménio Amado, 1931.

SZTAJN, R. *Teoria jurídica da empresa.* São Paulo: Atlas, 2004.

TOMAZETTE, M. *Curso de direito empresarial.* São Paulo: Atlas, 2008. v. 1.

VIVANTE, C. *Instituições de direito comercial.* Tradução de J. Alves de Sá. Lisboa: Clássica, 1918.

Alex Sander Hostyn Branchier é bacharel em Direito pela Universidade do Noroeste do Estado do Rio Grande do Sul (Unijuí) e especialista em Direito Tributário e Processual Civil pelo Instituto Brasileiro de Estudos Jurídicos (Ibej). Com intensa atuação na área acadêmica, é professor em cursos de graduação na Faculdade Internacional de Curitiba (Facinter) e da Faculdade de Tecnologia Internacional (Fatec Internacional), no ensino presencial e a distância. Leciona, ainda, em programas de pós-graduação do Instituto Brasileiro de Pós-graduação e Extensão (Ibpex). Como advogado, atua em várias áreas: propriedade intelectual, direitos empresarial, civil, comercial, tributário e do consumidor, disciplinas sobre as quais faz palestras e publica artigos em jornais e revistas. É também membro da Comissão de Assuntos Culturais da Ordem dos Advogados do Brasil (OAB) – Seção Paraná e ex--membro da Comissão de Direito do Consumidor da mesma instituição e do Conselho Editorial da Revista da Associação Brasileira de Fiscais e Auditores de Tributos do Brasil (Afbras), além de prestar consultoria em direitos autorais ao Governo do Estado do Paraná/ Secretaria Estadual de Educação no projeto Livro Didático Público. Atualmente é gerente jurídico do Grupo Educacional Uninter.

Fernando Previdi Motta é advogado, bacharel em Direito (1996) pela Universidade Federal do Paraná – UFPR, especialista em Direito Empresarial (1999) pelo Instituto Brasileiro de Ensino Jurídico e mestre em Direito Empresarial (2005) pela Faculdade de Direito da Universidade de Lisboa, Portugal.

Atualmente, é professor adjunto da Faculdade de Direito do Centro Universitário Curitiba – UniCuritiba, nas disciplinas de Direito Empresarial e Direito da Propriedade Intelectual (Direito de Autor e Direito Industrial). É também professor de cursos de pós-graduação de instituições de ensino superior de Direito.

Impressão: SERZEGRAF
Novembro/2015